中国高铁丛书

总顾问 / 傅志寰　总策划 / 郑　健　主 编 / 孙　章

中国高铁发展战略

刘涟清　蒲　琪　孙　章　著

上海科学技术文献出版社
Shanghai Scientific and Technological Literature Press

图书在版编目（CIP）数据

中国高铁发展战略 / 刘涟清，蒲琪，孙章著．—上海：上海科学技术文献出版社，2019

（中国高铁丛书）

ISBN 978-7-5439-7808-9

Ⅰ.① 中⋯　Ⅱ.①刘⋯②蒲⋯③孙⋯　Ⅲ.①高速铁路—铁路运输发展—发展战略—研究—中国　Ⅳ.① U238

中国版本图书馆 CIP 数据核字 (2018) 第 289658 号

"十三五"国家重点出版物出版规划项目
2018 年主题出版重点出版物
上海市新闻出版专项资金资助项目

选题策划：张　树
书稿统筹：张　树
责任编辑：李　莺
装帧设计：许　菲
手绘插图：汤思怡

中国高铁发展战略
ZHONGGUO GAOTIE FAZHAN ZHANLVE
刘涟清　蒲　琪　孙　章　著
出版发行：上海科学技术文献出版社
地　　　址：上海市长乐路 746 号
邮政编码：200040
经　　　销：全国新华书店
印　　　刷：上海海红印刷有限公司
开　　　本：787×1092　1/16
印　　　张：15.25
字　　　数：197 000
版　　　次：2019 年 1 月第 1 版　2019 年 1 月第 1 次印刷
书　　　号：ISBN 978-7-5439-7808-9
定　　　价：99.00 元
http://www.sstlp.com

"中国高铁丛书"

出版工作团队

总顾问

　傅志寰　中国工程院院士，原铁道部部长

顾　问

　钟志华　中国工程院院士、副院长，同济大学原校长

　奚国华　中国第一汽车集团有限公司党委副书记、董事、总经理
　　　　　中国中车集团公司原副董事长、党委副书记
　　　　　中国中车股份有限公司原总裁

　贾世瑞　中国中车集团公司副总经理

总策划

　郑　健　中国铁路总公司总工程师，国家铁路局原党组成员
　　　　　2015年国家科技进步奖特等奖（京沪高速铁路工程）获得者

策　划

　孙　章　同济大学老科学技术工作者协会会长，原上海铁道大学副校长

　孙　星　北京铁道学会秘书长

　兰　涛　上海铁道学会秘书长

　金泰木　中车青岛四方机车车辆股份有限公司科技发展部副部长

　张　树　上海科学技术文献出版社副总编辑（主持工作）

主　编

　孙　章　同济大学老科学技术工作者协会会长，原上海铁道大学副校长

副主编

　吴新民　原铁道部咨询调研组副巡视员，研究员

3

编撰团队

《走近中国高铁》

钱桂枫　中国铁路总公司工程管理中心副主任
蔡申夫　原铁道部工程设计鉴定中心主任
张　骏　中国铁路上海局集团有限公司建设处副处长，高级工程师
毛晓君　中国铁路上海局集团有限公司科学技术研究所工程师

《高铁线路工程》

郑　健　中国铁路总公司总工程师，国家铁路局原党组成员
　　　　2015年国家科技进步奖特等奖（京沪高速铁路工程）获得者
王　峰　中国铁路总公司建设管理部主任
钱桂枫　中国铁路总公司工程管理中心副主任
许玉德　同济大学交通运输工程学院教授
毛晓君　中国铁路上海局集团有限公司科学技术研究所工程师

《高铁车站》

郑　健　中国铁路总公司总工程师，国家铁路局原党组成员
　　　　2015年国家科技进步奖特等奖（京沪高速铁路工程）获得者
贾　坚　同济大学建筑设计研究院（集团）有限公司副总裁
魏　崴　同济大学建筑设计研究院（集团）有限公司轨道交通院总建筑师

《高速列车》

梁建英　中车青岛四方机车车辆股份有限公司副总经理、总工程师，教授级高级工
　　　　程师，2015年国家科技进步奖特等奖（京沪高速铁路工程）获得者
杨中平　北京交通大学教授
张济民　同济大学铁道与城市轨道交通研究院教授

4

《高铁牵引供电系统》

张明锐　同济大学电子与信息工程学院教授
张永健　中国铁路上海局集团有限公司供电处处长，高级工程师
王靖满　中国铁路设计集团公司项目总工程师，教授级高级工程师
吴严严　同济大学电子与信息工程学院硕士研究生

《高铁信号与控制》

陈永生　同济大学计算机系教授
罗云飞　中国铁路上海局集团有限公司总工程师室高级工程师
王先帅　中国铁路上海局集团有限公司电务处工程师
郭金信　中国铁路上海局集团有限公司电务处工程师
刘世太　中国铁路上海局集团有限公司电务处工程师
陈伟革　中国铁路上海局集团有限公司电务处处长，提待高工
吕永昌　中国铁路上海局集团有限公司电务处提待高工
姚远黎　中国铁路上海局集团有限公司电务段段长，高级工程师
胡细东　中国铁路上海局集团有限公司电务处副处长，高级工程师
吴伟东　中国铁路上海局集团有限公司电务处副处长，高级工程师
艾　武　中国铁路上海局集团有限公司电务处副处长，高级工程师

《高铁运营组织与管理》

徐行方　同济大学交通运输工程学院教授
蒲　琪　同济大学《城市轨道交通研究》杂志社社长，高级工程师
汤莲花　同济大学交通运输工程学院博士研究生

《中国高铁发展战略》

刘涟清　原上海铁路局局长，原铁道部（中国铁路总公司）中美铁路项目协调组组长
蒲　琪　同济大学《城市轨道交通研究》杂志社社长，高级工程师
孙　章　同济大学老科学技术工作者协会会长，原上海铁道大学副校长

《高铁经济》

　　姚诗煌　上海市科技传播学会原理事长，《文汇报》科技部原主任，高级记者

编辑顾问

叶　娟　中国中铁股份有限公司国际事业部总经理助理
　　　　中国铁道出版社版权中心原主任，国家铁路局原调研员

李中浩　中国城市轨道交通协会专家和学术委员会副主任，原铁道部电子中心主任

张跃玲　国家铁路局信息中心副主任，高级工程师

陈夏新　原京沪高速铁路股份有限公司高级工程师

范　明　中国铁道科学研究院（集团）有限公司通信信号研究所研究员

序一

傅志寰

　　我国已跨入了高铁时代。风驰电掣的高速列车给人们带来了快捷愉悦的全新感受，正如有诗云："银龙出京一路奔，转瞬之间入津门。齐鲁苏皖须臾过，品茗到沪尚存温。"四通八达的高铁不仅显著改变了人们的出行方式，也对经济社会产生了深远影响。

　　目前我国高铁里程已超过 25 000 公里，占全球高铁总里程的三分之二，每天开行 5 000 多列高速列车，运送超过 600 万乘客，2017 年我国高铁累计发送旅客已突破 70 亿人次。这些令人炫目的"大数据"意味着无与伦比的业绩。我国高铁不但规模大，速度也快，最高时速达 350 公里，为世界之最。我国动车之平稳是有口皆碑的，网上曾流传一段视频：有乘客将一枚硬币立在高速列车的窗台上，竟 8 分钟未倒。

　　高铁不但改变着中国，也震撼了世界。我国已经积累了在寒带、热带、大风、沙漠、冻土等不同气候和地质条件下高速铁路建设

的丰富经验，是世界上少数能够提供包括土建、高速动车组和列车控制系统等高铁全套技术的国家。

　　中国人喜爱高铁。但凡有机会，都愿与靓丽的高速列车合影留念，而且带着浓厚兴趣想进一步解开高铁之谜。"高铁为什么跑得那么快？""高铁为什么跑得那么稳？""高铁行驶安全如何保障？"这些问题，不但孩子要问，成年人也十分关心。近两年我在给中学生讲"高铁"科普时，每每都会有学生提出大量类似问题。

　　为了回答人们的问题，上海科学技术文献出版社组织一批资深专家教授，用一年半时间编写了一套内容丰富的"中国高铁丛书"，全套 9 册，书名分别是：《走近中国高铁》《高铁线路工程》《高铁车站》《高速列车》《高铁牵引供电系统》《高铁信号与控制》《高铁运营组织与管理》《中国高铁发展战略》《高铁经济》。这套丛书不但描绘了高铁的全貌，

展示了车站、线路、信号、供电、列车等关键设施和装备，也介绍了高铁运营服务知识以及对经济社会发挥的独特牵引作用。与此同时，还讲述了世界各国高铁发展的故事。

"实事求是、深入浅出"是检验科普图书质量的重要标志。为了做到"实事求是"，作者们查阅了海量资料，反复筛选与求证，对我国高铁技术水平、发展历程作了符合实际的阐述，也纠正了一些网络上的不实传言。为了做到"深入浅出"，作者们力图用通俗生动的语言和精美的图片，揭示高铁技术原理和设计结构。一年多来，作为初次涉猎科普读物写作的他们，花了不少时间再学习，大家深知将科学专业术语转化成大众能听懂的"大白话"是一门艺术。

我受聘担任本丛书的总顾问，深感荣幸和愉悦。究其原因，不只因为我有参与高铁论证与建设的经历，还源于心系铁路、喜爱火车的深厚情结，中国高铁的快速发展也圆了我自己多年的梦想。

在本套图书付梓之际，衷心希望凝聚作者大量心血的"中国高铁丛书"，能给读者带来所渴望的知识与阅读的喜悦。

2019 年 1 月

序二

郑 健

　　高铁，作为现代工业文明的崭新成果，发端于日本，发展于欧洲，兴盛于中国。经过五十余年的发展，高铁以其安全、快捷、环保、节能等技术经济优势赢得了各国青睐。我国从20世纪90年代初开始开展高铁的前期研究，经过几代铁路人的探索实践，特别是党的十八大以来的创新发展，取得了举世瞩目的历史性成就，能亲身经历、见证参与、组织推动我国高铁建设，倍感荣幸。铁路建设者昼夜兼程、风雨无阻，逢山开路、遇水架桥，用智慧、心血和汗水励精图治、砥砺前行，实现了中国高铁从无到有、从探索到突破、从制造到创造、从追赶到领跑的崛起！如今，"复兴号"奔驰在祖国广袤的大地上，迈出了从追赶到领跑的关键一步；四通八达的高铁网络给百姓美好生活带来了新福祉，给世界高速铁路发展树立了新标杆，为党和国家赢得了新荣耀！

　　遥想20世纪初，为了振兴国家实业，孙中山先生在《建国方略之二：实业计划》中提出修建10万英里（16万公里）的铁路计划，指出"国家之贫富可以铁道之多寡而定之，地方之苦乐可以铁道之远近计之"，"铁路常为国家兴盛之先驱，人民幸福之源泉，国家统一之保障"。中华人民共和国成立后，党中央国务院高度重视铁路建设。1978年10月，邓小平同志访问日本，在从东京前往京都的新干线高铁列车上深有感触地说："就感觉到快，有催人跑的意思，我们现在正合适坐这样的车。"（中共中央文献研究室编《邓小平年谱（1975—1997）》（上）第413页）一代伟人的这句双关语暗示着中国的发展要有像新干线那样快的速度。同年12月召开的十一届三中全会拉开了改革开放的序幕。

　　40年的改革开放让铁路特别是高速铁路发展迎来了难得的黄金发展机遇。从20世纪90年代广深铁路开行准高速列车到世纪之交秦沈客运专线开通运行，从2007年实现第六次大面积提速到2008年京津城际高铁通车，从 2010 年 12 月京沪高铁创造时速 486.1 公里试验速度到 2016 年 7 月成功实现世界首次时速 420 公里交会，从"四纵四横"基本建成到"八纵八横"规划蓝图绘就，几代铁路人锲而不舍、坚韧执着，从未因道路曲折而半途而废，也从未因梦想遥远而放弃追求。从孙中山先生提出《建国方略》到今天，"复兴号"高铁动车组奔驰在祖国广袤大地上的情景，就是华夏儿女不忘初心、砥砺前行的生动写照；中国高铁能够领跑世界，就是中华民族追逐梦想、谋求复兴的时代象征。高铁精神，已成为象征着中华民族伟大创新精神的一座丰碑！

从 1990 年《京沪高速铁路线路方案构想报告》到 2004 年国务院批复的《中长期铁路网规划》明确将高铁建设作为铁路发展的核心，从中国高铁发展"三步走"战略谋划到工程建造、装备制造、列车运行控制等不同领域技术创新路径的实施，中国高铁经历了艰难的战略抉择、艰苦的探索实践和艰辛的开拓创新历程。2008 年 8 月 1 日，中国第一条时速 300 公里以上的高速铁路——京津城际高铁开通运营。波澜壮阔的高铁建设在长城内外、大河上下展开，呈现出了史诗般的巨幅画卷！

一分耕耘一分收获。经过几代铁路人卧薪尝胆，迎来了与世界第二大经济体相适应的高铁网络体系的蓬勃发展：建成了 2.5 万公里的高铁网络，搭建了专业一流的研发平台，在高铁线路、桥梁、隧道、客运枢纽等重大工程方面积累了丰富的实践经验，全面掌握了在各种复杂地质、地形及气候环境下修建不同速度等级高速铁路的成套技术，建造了以京沪高铁为代表的一大批世界级的标志性工程，拥有了完整的中国高铁技术标准体系，打造了中国高铁品牌，形成了规划设计、工程建造、装备制造、运维服务等方面的比较优势，总体技术水平已迈入世界先进行列，成为推动世界高铁发展的重要力量！

不断延伸的高铁网络对经济社会发展产生了深刻的影响。如何衡量高铁对经济社会发展的"溢出效应"，如何评价高铁效应在国家发展、国际交往、地缘政治中的作用，需要坚实的高铁经济理论作为支撑。2012 年原铁道部设立了高铁经济重大课题，从政治经济、社会文化、生态环境等多维度探究高铁效应的理论基础，从哲学层面发现其内在规律，从理论层面研究其影响机制，旨在通过研究回答社会对高铁建设运营的普遍关切，探究未来高铁发展之路。

如今我们欣喜地看到，高铁网络极大地缩短了时空距离，让旅途不再漫长；极大地改善了出行品质，让百姓出行有了更多的幸福感；拉动了文化旅游井喷，稀缺独特的旅游资源得到充分开发；促进了铁路装备升级改造，高铁动车组等高端装备制造业快速发展，强劲带动了上下游相关产业链的全面升级；改变了经济资源配置格局，城市综合经济竞争力得到了大幅提升，区域产业经济结构得到了优化调整，区域经济一体化进程进一步加快。高铁网络创造出了比别的经济体更多的时间，承载了更为宏观的经济意义，以更高的速度赋能一切生产要素，以更高的质量和效率不断放大着"乘数效应"。作为新经济学革命的高铁经济已成为中国经济增长的新引擎，正构建着中国经济发展的新版图。中国高铁今天历史性的成就就是对中山先生、小平同志最好的告慰！

"雄关漫道真如铁，而今迈步从头越"。党的十九大确立了习近平新时代中国特色社会主义思想，作出了建设交通强国的重大决策部署。在不到半年的时间里，习总书记两次"点赞""复兴号"，这既充分体现了党中央对高铁发展成果的充分肯定，更指明了中国高铁的前进方向。中国高铁将始终坚持以人民为中心，进一步构建更安全、更高效、更智能、更绿色、覆盖率更高的高铁网络，持续创新引领世界铁路发展，让全国各族人民共享铁路发展改革的成果，满足人民在新时代的需求，让人民从高铁发展中有更多的获得感、幸福感、安全感！

高铁发展需要全社会的关心和爱护。这套"中国高铁丛书"对讲好中国高铁故事、传承勇往直前的高铁精神，汇聚高铁发展共识、凝聚高铁发展正能量，弘扬新时代主题、追逐民族复兴梦想必将产生积极的作用。热切希望这套图书能与广大读者尽快见面，更真诚期望能有更多的专家、学者关注中国高铁，走近中国高铁，宣传中国高铁，支持中国高铁，关爱中国高铁，以促进中国高铁的健康可持续发展！

2019 年 1 月

前
言

　　自从党的十八大提出走中国特色自主创新道路、实施创新驱动发展战略以来，创新已成为经济、科技、文化、教育等各领域谋求发展的第一动力。

　　战略是对全局性、长期性、高层次重大事项的策划和指导。中国高速铁路之所以能取得成功，在很大程度上是由于实施了全面自主创新战略：瞄准世界铁路先进技术，增强自主创新能力，在关键领域、卡脖子环节上下功夫，突破关键核心技术；坚持自主创新与中外合作相结合，以我为主，博采众长，融合提炼，自成一家，完成赶上世界铁路先进水平、在一部分领域领先的目标。按照党中央关于建设创新型国家的战略部署，我国铁路走出了一条符合我国国情的自主创新之路。研究中国高速铁路的发展战略，可增强我们的道路自信、理论自信、制度自信和文化自信。

　　本书除绪论"战略与规划"外，其余八章内容分别为：放眼世界高速铁路，中国高铁应运而生，自主创新战略，融合发展战略，投融资改革方略，标准化战略，人才支撑体系，"一带一路"倡议与铁路"走出去"战略。

　　本书编写团队系"老中青""产学研"的三结合，由原上海铁路局局长、原铁道部中美铁路项目协调组组长刘涟清，同济大学《城市轨道交通研究》杂志社社长蒲琪、同济大学老科学技术工作者协会会长孙章，以及同济大学铁道与城市轨道交通研究院在读研究生王思韬、解熙、汪杏子、黄健、黄先谨、孙越等组成。编写过程中，首先集体讨论编写大纲，然后由研究生采访亲历者等资深专家，并写出各章初稿；最后由刘涟清、蒲琪、孙章修改定稿。对为本书提供资料的原铁道部副总工程师、高速办副主任周翊民，"先锋号"总设计师王维胜、副总设计师乌正康，中国铁道学会车辆委员会研究员吴新民等专家深致谢意。

　　限于作者水平，书中难免存在疏漏或不足，敬请读者批评指正。

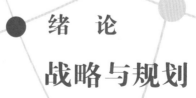

绪　论
战略与规划

铁路历来是我国国民经济大动脉、关键基础设施和重大民生工程，是综合交通运输体系的骨干和陆上主要交通方式，在促进经济社会发展、保障和改善民生、支撑国家重大战略实施、增强我国综合实力和国际影响力等方面发挥了重要作用。1978 年，我国的铁路里程仅 5.17 万公里，列车最高运营速度为 80 公里 / 小时；改革开放 40 年来，经过几代铁路人的不懈努力，特别是党的十八大以来的砥砺奋进，中国铁路取得了历史性突破，成绩斐然。截至 2017 年底，我国铁路运营里程达 12.7 万公里，其中高铁 2.5 万公里，动车组列车最高运营速度为 350 公里 / 小时，铁路总体技术水平已进入世界先进行列，有的领域已达到世界领先水平，受到社会各界的广泛赞誉和普遍认同。

高速铁路和高速动车组之所以能成为我国的靓丽名片，在很大程度上是因为我国实施了正确的高铁发展战略：瞄准世界铁路先进技术，增强自主创新能力，在关键领域、卡脖子环节上下功夫，突破关键核心技术，因为核心技术是要不来、买不来的；坚持自主创新与中外合作相结合，以我为主，博采众长，融合提炼，自成一家，完成赶上世界铁路先进水平、在一部分领域领先的目标。

战略，顾名思义，与战争有关，原指军事统帅对战争全局的策划和指导；现已推而广之，广泛应用于各领域。

战略是领导者对于关乎全局和长远的重大事项所进行的策划和指导《孙子兵法》有云："自古不谋万世者，不足谋一时；不谋全局者，不足谋一域。"战略研究覆盖全局和长远。

习近平总书记指出："党的十八大以来，党中央从坚持和发展中国特色社会主义全局出发，提出并形成了全面建成小康社会、全面深化改革、全面依法治国、全面从严治党的战略布

局，确立了新形势下党和国家各项工作的战略目标和战略举措，为实现'两个一百年'奋斗目标、实现中华民族伟大复兴的中国梦提供了理论指导和实践指南。"

毛泽东指出："战略问题是研究战争全局的规律性的东西。"由于战略规划要照顾到各个方面和各个阶段，因此它具有全局性和长期性，战略规划因此具有权威性，要求局部利益服从整体利益，眼前利益服从长远利益；要维护规划的权威性和严肃性，增强规划的约束力和执行力，确保规划的贯彻落实。

战略规划还具有层次性。毛泽东指出："只要有战争，就有战争的全局。世界可以是战争的一全局，一国可以是战争的一全局，一个独立的游击区、一个大的独立的作战方面，也可以是战争的一全局。凡属带有要照顾各方面和各阶段的性质的，都是战争的全局。"因此，战略研究对各级领导干部具有普遍意义。

在交通运输领域，党的十九大提出了建设"交通强国"这一宏伟目标。为了实现这一目标，中华人民共和国交通运输部（以下简称"交通运输部"）、中华人民共和国国家发展和改革委员会（以下简称国家发展改革委）及其所属部门，或有关城市、相关企业就会在不同层次上制订出或修订好各自的发展战略与规划。

回想改革开放初期，当国外高速列车时速达 300 公里时，中国旅客列车的最高时速仅 120 公里。在相当长的一段时期内，一票难求、一路慢行，铁路成为制约我国经济社会发展的瓶颈。因此，从 20 世纪 90 年代起，中国围绕高铁建设不断进取，从广深铁路"准高速"、既有线大面积提速起步，到建成秦沈客运专线、研制"中华之星""先锋号"高速动车组等，积累了中国高铁建设及其技术装备的大量创新成果，为 21 世纪我国高铁建设和发展奠定了坚实基础。

2003 年 9 月 8 日《经济日报》刊登了一组数据：2002 年，

全世界铁路营业里程约 120 万公里，其中中国铁路有 7.2 万公里，约占 6%；全世界铁路完成的工作量换算为 8.5 万亿吨公里，其中中国铁路完成的工作量换算为 2 万亿吨公里，约占 24%，即中国铁路以占世界 6% 的里程完成了全世界工作总量的近 1/4。这说明中国铁路的运输效率世界少有，但同时也意味着中国铁路已严重超负荷。由于铁路运输能力受限，当时的中国人均乘车率很低，仅为 0.8 次；而日本为 43 次，德国为 19 次，俄罗斯为 3.8 次，印度为 5 次，均远远高于中国。

为了顺应经济和社会发展的迫切需要，中国共产党中央委员会、中华人民共和国国务院高瞻远瞩，在 2004 年 1 月 7 日，由国务院常务会议讨论并原则通过了我国第一个《中长期铁路网规划》(以下简称《规划》)。之前，中国铁路建设只有过"五年计划"，这是中国铁路史上第一个中长期规划。

2004 年《规划》按照"扩大路网规模，完善路网结构，提高路网质量"的路网建设思路，首次提出了人口稠密地区发展城际客运系统的规划内容，规划了"四纵四横"高速铁路网以及环渤海地区、长江三角洲地区、珠江三角洲地区三个城际快速客运系统。根据这一规划，到 2020 年，全国铁路营业里程将达到 10 万公里，主要繁忙干线实现客货分线，复线率和电气化率均达到 50%，运输能力满足国民经济和社会发展需要，主要技术装备达到或接近国际先进水平。

2004 年《规划》明确提出了"快速扩充运输能力"和"迅速提高装备水平"两大任务；绘就了我国"四纵四横"高速铁路网发展蓝图 (图绪 1)，由此掀起了大规模铁路建设尤其是高铁建设的热潮。

"四纵"客运专线为：(1) 北京—上海客运专线，包括蚌埠—合肥、南京—杭州客运专线，贯

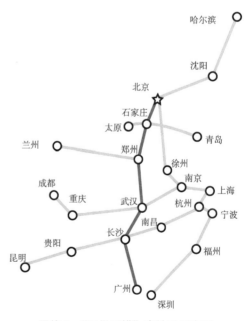

图绪 1 "四纵四横"高铁网示意图

通京津至长三角东部沿海经济发达地区；（2）北京—武汉—广州—深圳客运专线，连接华北、华中和华南地区；（3）北京—沈阳—哈尔滨（大连）客运专线，包括锦州—营口客运专线，连接东北和关内地区；（4）上海—杭州—宁波—福州—深圳客运专线，连接长三角、珠三角和东南沿海地区。"四横"客运专线为：（1）徐州—郑州—兰州客运专线，连接华东和西北地区；（2）杭州—南昌—长沙—贵阳—昆明客运专线，连接华东、华中和西南地区；（3）青岛—石家庄—太原客运专线，连接华东和华北地区；（4）南京—武汉—重庆—成都客运专线，连接华东和西南地区。

在 2004 年国务院批准实施《中长期铁路网规划》之后不久，中共中央在关于"十一五"规划的建议中，明确提出了"加快发展铁路、城市轨道交通"这一优化交通运输结构的战略方针。由于我国具有集中力量办大事的制度优势，战略规划具有很强的执行力，这期间我国加快铁路建设，成效十分显著，进度超过了预期；同时也为了应对 2007 年美国"次贷危机"所引发的世界金融危机，中国政府决定加大对基础设施的投资力度，因此，对 2004 年《规划》及时进行了调整。2008 年 10 月 31 日，国家发展改革委正式发布《中长期铁路网规划》调整方案。新调整的方案，将 2020 年全国铁路营业里程规划目标由 10 万公里调整为 12 万公里以上，其中客运专线由 1.2 万公里调整为 1.6 万公里，电化率由 50% 调整为 60%，主要繁忙干线实现客货分线，使运输能力能满足当时国民经济和社会发展需要，主要技术装备能达到或接近国际先进水平。

根据 2008 年《规划》调整方案，1.6 万公里客运专线中时速 250 公里的线路有 5 000 公里，时速 350 公里的线路有 8 000 公里，并与既有线提速改造线路相衔接。在原"四纵四横"高铁网络的基础骨架上，建设南昌—九江、柳州—南宁、绵阳—成都—乐山、哈尔滨—齐齐哈尔、哈尔滨—牡丹江、长春—吉林、沈阳—丹东等客运专线，进一步延伸并扩大高铁的覆盖面。

截至 2015 年底，我国铁路营业里程已达到 12.1 万公里，其中高速铁路（客运专线）1.9 万公里，已提前实现了 2008 年《规划》调整方案的规划目标。因此，在总结回顾 2004 年《规划》、2008 年《规划》调整方案及其实施情况的基础上，结合新形势、新要求，国务院组织有关部委对原《规划》进行修编。2016 年 7 月 13 日，经国务院批准并授权国家发展改革委、国家交通运输部、中国铁路总公司发布执行。

2016 年版《中长期铁路网规划》的规划期为 2016—2025 年，远期展望到 2030 年。根据 2016 年《规划》，至 2020 年铁路网规模将达到 15 万公里，其中高速铁路 3 万公里，覆盖 80% 以上的大城市；至 2025 年，铁路网规模达到 17.5 万公里左右，其中高速铁路 3.8 万公里左右，网络覆盖进一步扩大，路网结构更加优化、骨干作用更加显著，更好发挥铁路对经济社会发展的保障作用。远期展望到 2030 年，铁路网规模将达到 20 万公里，其中高速铁路网 4.5 万公里、普通铁路网 15.5 万公里。值得注意的是，2016 年《规划》中首次明确提出了"高速铁路网"这一新概念。

2016 年《规划》中的高速铁路网指的是，在原规划

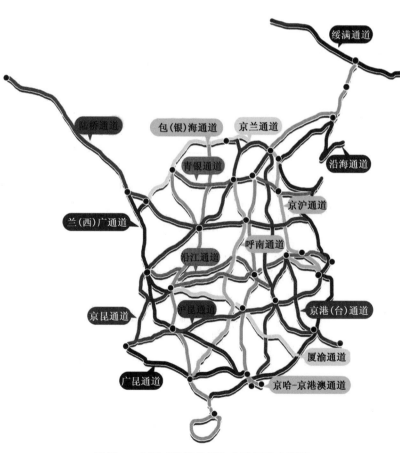

图绪 2　中国"八纵八横"高速铁路主通道

7

"四纵四横"主骨架基础上，增加有客流支撑、标准适宜、发展需要的高速铁路，同时充分利用既有铁路，形成以"八纵八横"主通道为骨架，区域连接线衔接、城际铁路补充的高速铁路网。

"八纵"通道为：（1）沿海通道［大连（丹东）至北海（防城港），连接东部沿海地区，贯通辽中南、京津冀、山东半岛、东陇海、长三角、海峡西岸、珠三角、北部湾等城市群）］；（2）京沪通道（北京至上海，连接华北、华东地区，贯通京津冀、长三角等城市群）；（3）京港（台）通道（北京至香港、九龙、台北，京港高铁在合肥，与合肥至福州、台北高铁汇合）；（4）京哈—京港澳通道（哈尔滨至北京、北京至香港、澳门，其中包括广州至珠海、澳门高铁，连接东北、华北、华中、华南、港澳地区，贯通哈长、辽中南、京津冀、中原、长江中游、珠三角等城市群）；（5）呼南通道（呼和浩特至南宁，连接华北、中原华中、华南地区，贯通呼包鄂榆、山西中部、中原、长江中游、北部湾等城市群）；（6）京昆通道（北京至昆明，连接华北、西北、西南地区，贯通京津冀、山西中部、关中平原、成渝、滇中等城市群）；（7）包（银）海通道（包头、银川至海口、三亚，连接西北、西南、华南地区，贯通呼包鄂榆、宁夏沿黄、关中平原、成渝、黔中、北部湾等城市群）；（8）兰（西）广通道（兰州、西宁至广州，连接西北、西南、华南地区，贯通兰西、成渝、黔中、珠三角等城市群）。

"八横"通道为：（1）绥满通道（绥芬河至满洲里，连接黑龙江及蒙东地区）；（2）京兰通道（北京至兰州，连接华北、西北地区，贯通京津冀、呼包鄂榆、宁夏沿黄、兰西等城市群）；（3）青银通道（青岛至银川，连接华东、华北、西北地区，贯通山东半岛、京津冀、山西中部、宁夏沿黄等城市群）；（4）陆桥通道（连云港至乌鲁木齐，连接华东、华中、西北地区，贯通东陇海、中原、关中平原、兰西、天山北坡等城市群）；（5）沿江通道（上海至成都，连接华东、华中、西南地区，贯通长三角、长江中游、成渝等10个城市群）；（6）沪昆通道（上海至昆明，连接华东、华中、西南地区，贯通长三角、长江中游、成渝、黔中、滇中等城市群）；（7）厦渝通道（厦门至重庆，连接华东、中南、西南地区，贯通海峡西岸、长江中游、成渝等城市群）；（8）广昆通道（广州至昆明，连接华南、西南地区，贯通珠三角、北部湾、滇中等城市群）。

2016年《规划》方案实现后，20万公里左右的远期铁路网中高速铁路有4.5万公里左右。全国铁路网全面连接人口20万以上城市，高速铁路网基本连接省会城市和其他人口50万以上大中城市，形成以特大城市为中心覆盖全国、以省会城市为支点覆盖周边城市的高速铁路网，实现相邻大中城市间1～4小时交通圈、城市群内0.5～2小时交通圈。

高速铁路主通道规划新增项目原则采用时速250公里及以上标准（地形地质及气候条件复杂困难地区可以适当降低）。其中沿线人口城镇稠密、经济比较发达、贯通特大城市的铁路可采用时速350公里标准；区域铁路连接线原则采用时速250公里及以下标准；城际铁路原则采用时速200公里及以下标准。

从以上内容不难得出如下结论：高速铁路的建设和发展由《中长期铁路网规划》指引，是中国高铁创新发展的一大特色；世界上只有中国拥有高速铁路的网络规划，截至2017年底，中国已经建成2.5万公里的高速铁路运营网络。

第一章

放眼世界高速铁路

　　高铁具有速度快、运量大、安全、舒适、节能、节地、环保等优点，因而深受各国人民青睐，迅速发展起来。高铁使世界铁路从"夕阳产业"的阴影中走出，迎来了铁路发展史上的第二个春天。高速铁路和高速列车的横空出世，给传统的铁路产业注入了新的活力，也引起了整个交通运输体系的深刻变革。为了加深对中国高铁发展战略的理解，首先让我们放眼世界。

　　据统计，截至 2017 年底，境外已有 15 个国家和地区建成高速铁路，总里程 14 300 公里（我国截至 2017 年底高铁总里程已达 25 000 公里）。境外在建的高速铁路主要集中在西班牙、日本、土耳其、沙特阿拉伯等 10 多个国家和地区，总里程超过 4 000 公里；其中欧洲占 40.0%，亚洲占 43.5%。除了中国，还有 30 个国家规划建设高铁，总里程超过 33 000 公里；其中亚洲占 39.6%，欧洲占 23.3%。

一、高速铁路在日本诞生

　　1964 年 10 月 1 日，世界上第一条高速铁路——东海道新干线在日本诞生。这条高速铁路从东京至大阪，全长 515.4 公里，直达旅行时间 3 小时，列车最高商业运营速度为每小时 210 公里。高铁开通后客流量大增，东京到大阪的民航几乎停运。

　　日本铁路主要通道已基本实现了客货列车分线运行，修建了 4 线甚至多线；为适应大客流的需要，日本高铁采用了大编组列车，运输效率较高。在既有线改造过程中，日本把一些"瓶颈"、拥堵区段和繁忙干线作为重点改造区段；伴随新线建设，日本已形成以几大新干线为主的全国高速干线网。截至 2017 年底，新干线运营总里程达到 2 734 公里。由于不断进行

技术升级，目前山阳新干线和东海道新干线的最高商业运营速度（以下简称"最高运营速度"）分别提高到 300 公里 / 小时和 285 公里 / 小时，东北新干线的最高运营速度提高到了 320 公里 / 小时。

1964 年开通之初，最早在东海道新干线投入运营的是 0 系高速列车，属动力分散型动车组列车，12 辆编组，全列都是动车（每辆车都带动力），流线型头车，最高运营速度达每小时 210 公里；牵引供电方式为交流 25 千伏 /60 赫兹，采用直流电动机牵引，每台电机的输出功率为 185 千瓦。2008 年，0 系高速列车功成身退，彻底退出了新干线的运输服务。

300 系列车是新干线列车发展的一个新起点。1992 年 3 月，命名为"希望号"的 300 系列车投入运营，最高运营速度达每小时 270 公里，从东京至大阪所需时间缩短为 2.5 小时。1993 年 3 月 18 日，300 系开始在东海道新干线上运营，从东京到博多 1 069 公里路程所需时间为 5 小时 4 分钟。

300 系高速列车在多方面取得了技术进步：首先，在列车轻量化上取得进展，大大降低了轴重。所谓"轴重"，就是列车在静止状态下每个轮对作用于钢轨的质量。0 系列车轴重为 16 吨，而 300 系列车轴重降低到了只有 11.4 吨。其次，300 系采用了当时最先进的交流传动牵引技术。相比直流传动牵引技术，不仅减轻了动车重量、简化了结构，而且其维修工作量也减少了。之前，动力分散型动车组由于电动机数量多、直流电机的维护工作量大，常为人诟病，现在这个缺点已不存在了。第三，是再生制动技术的利用。所谓"再生制动"，就是牵引电动机在列车制动时可作为发电机使用，将产生的电能回送给供电网，这种技术既能节电，又能减轻机械制动装置的磨耗，一举两得。第四，头车采取了新流线型。

300 系高速列车全方位的技术突破，不仅提高了日本高铁在国内与民航、高速公路的竞争力，特别重要的是，摆脱了日本高铁已经被法、德两国高铁技术全面超越的尴尬处境。

在 300 系投入运营 5 年之后，新一代的 500 系登上高铁舞台。500 系的目标值定为 300 公里／小时，这个速度已经能追上当时世界上最快的法国 TGV-A 列车。1997 年 3 月，500 系列车在山阳新干线投入商业运营。

两年之后，综合了 300 系和 500 系之长的 700 系投入商业运营，虽然它的最高运营速度不及 500 系，定为 285 公里／小时，但其优点是性价比高。因为东海道新干线立项报批时的项目名称是"旧线改造"，最小曲线半径定为 2 500 米，这种小半径曲线全线达 50 余处，其长度占到全线的 1/3 左右，因此最高时速定为 285 公里。

2007 年，N700 系列车的最高运营速度为 300 公里／小时；2013 年，E5（图 1.1）、E6 系列车的最高运营速度由 300

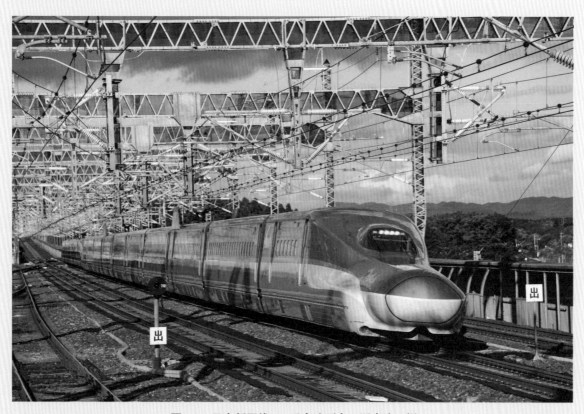

图 1.1 日本新干线 E5 系高速列车 罗春晓 摄

公里/小时提高到 320 公里/小时。可见，日本新干线高速列车已发展到 N700 系和 E5、E6 系高速动车组。

日本正在研制的用于东海道新干线的 N700S 系高速列车是集成了日本多项技术创新的"代表作"，将成为日本宣传高铁实力的样板。列车最高速度为 300 公里/小时，可实现自由编组，将 SiC 半导体功率模块用于主变流器和牵引电机，具有明显的低能耗、低噪声、环保舒适等特点。近年来，日本也在研制更加智能化、更高速度的列车，如 JR 东日本公司正在研发的 ALFA-X 列车，其设计速度达 400 公里/小时。

二、创造最高试验速度的法国

1981 年 9 月 27 日，欧洲第一条高速铁路——由巴黎至里昂的东南线投入运营，全程 417 公里，直达旅行时间 2 小时。当时列车最高运营速度为 260 公里/小时，经过技术改造，目

图 1.2　法国 TGV 高速列车　罗春晓摄

前速度已达 300 公里 / 小时。此后，法国相继建设开通了 LGV 大西洋线、北方线、地中海线、巴黎东部联络线、东欧线等高速铁路，形成了以巴黎为中心、辐射全国的高速铁路干线，并能与周边国家连接。截至 2017 年底，法国高速铁路总里程为 2 696 公里，TGV（法文"高速列车"，即"Train à Grande Vitesse"的缩写）可通行的范围在 6 000 公里左右（可以连通普速线路降速继续运行），目前列车最高运营速度达 320 公里 / 小时（图 1.2）。值得一提的是，1990 年 5 月 18 日，法国创造了轮轨时速 515.3 公里的试验列车世界纪录；2007 年 4 月 3 日，法国又创造了时速 574.8 公里的高速铁路试验列车的最高试验速度。

法国高铁的特点：高速铁路与既有线连接，高速列车下到既有线运营，而且在既有线上的运营里程大于在高速线上的运营里程；法国人口分布较广，人口集聚地距离较远，因此需要更高速的列车，根据其客流特点，采取小编组、高密度的运输策略；TGV 采用了与众不同的铰接式转向架，其钢结构车体也很具特色；新一代列车 AGV 在技术上的最大突破是采用了永磁牵引电机驱动，并采用动力分散方式。

【知识链接】铰接式转向架

铰接式转向架就是在动车组列车中，相邻两节车辆的车体端部共用一个转向架，两节车辆间由铰接装置和纵向减振器相连，以增强车辆间的整体性（列车一旦发生脱轨事故不易解体）和约束各种振动，从而改善列车运行的平稳性和安全性，同时使转向架的数量大大减少、列车自重显著减轻、材料消耗和成本降低、转向架运行所造成的空气阻力环境噪声也减小。

与铰接式转向架对应的是独立式转向架，即在每节车辆下部独立安置两台转向架。法国第一代到第三代高速列车都采用铰接式转向架（图 1.3），而日本和德国都采用独立式转向架。

图 1.3 法国 TGV 铰接式转向架 罗春晓摄

法国第一代高速列车 TGV–PSE 于 1981 年面世，投入运营之初的最高运营速度达 260 公里 / 小时，超过了日本新干线，成为当时世界上时速最快的高铁运营线路；两年后，列车最高运营速度提高到了 270 公里 / 小时。法国高铁前期采用了动力集中方式，列车的 10 节编组形式为 2 节动车 8 节拖车（2L8T），即在列车的前后各配置 1 台直流电机驱动的电力机车，牵引电机的功率为 625 千瓦，额定总牵引功率为 6 420 千瓦。由于采用了动力集中方式，因此列车最大轴重达 17 吨。

法国高铁为了扩大高铁的辐射范围，方便更多旅客出行，TGV–PSE 既可以与既有线直通运行，还可以作为国际高速列车开行。因此，TGV–PSE 的牵引动力装置可对应 3 种供电制式：交流 25 千伏 /50 赫兹，交流 15 千伏 /16.7 赫兹，直流 1.5 千伏。因此，法国第一代高速列车 TGV–PSE 的问世，打破了世界高速铁路日本独领风骚的格局，使法国成为继日本之后又一个高铁技术强国。

引起铁路专家普遍关注的是法国第 4 代高速列车 AGV（法文"高速动车组"Automotrice à Grande Vitesse 的缩写）的研发。这是一次技术大转向：放弃了 TGV 第 1 代至第 3 代的动力集中方式，改用动力分散方式。这一方面是因为，作为法国在国际商业舞台上的竞争对手的日本和德国在动力分散技术上的突出成就越来越引起其他国家的关注；另一方面，在提高运能上，对于法国独创的双层高速列车 TGV-D，国外多数用户表现冷淡。因此，法国决心另辟蹊径，投资 1 亿欧元研发基于铰接式转向架的动力分散技术。

作为法国研发动力分散技术的重要成果，2008 年 1 月 17 日，意大利的 NTV 公司与法国阿尔斯通公司签署了采购 25 列 AGV 高速列车的商业合同。这批 AGV 列车被命名为"Italo 号"，意为"意大利的"。2012 年 4 月 28 日，"Italo 号"正式投入运营，其最高商业运营速度为 300 公里 / 小时。

AGV 列车的另一鲜明特点是采用了永磁同步电机牵引。在 AGV 列车问世之前，采用同步电机牵引一直是法国 TGV 列车区别于日、德高速列车的一大特点，而 AGV 列车更进一步，采用了永磁同步电机牵引。

法国一直将发展高速铁路作为一项基本国策，因此高速铁路运营里程持续增加，高速列车开行频次不断增加。在新线建设中，由于统筹规划合理，带动了区域经济发展。

1997 年法国国铁引入了中央客票预定发售系统（PDSD），服务于铁路干线和区域客运；法国的 Socrate、REPIPAC 等系统中所有信息只需一次采集，全系统共享，都是集运营管理、咨询服务子系统于一体的综合信息系统。

三、昼客夜货的德国高铁

德国的高速列车名为"ICE"，是"城际高速列车"之意（Inter City Express 的缩写）（图 1.4）。它是德国最快及最高等级的列车类别；按历史脉络，它是城际列车 IC 的继承者，故称 ICE。其服务范围覆盖全德国约 180 座 ICE 车站以及 6 个邻国（法国、瑞士、奥地利、比利时、荷兰及丹麦）。德国铁路总长 4 万公里，截至 2017 年底，德国高速铁路里程为 1 575 公里。

ICE1 是德国第一代高铁列车，于 1991 年投入商业运营。ICE1 采用动力集中方式，前后两台机车（locomotive）牵引，

图 1.4　德国 ICE 高速列车　罗春晓摄

可简记为 2L12T 或 2L14T。列车的总牵引功率为 9 600 千瓦，轴重为 19.5 吨。它在高速新线上的最高运营速度为 280 公里 / 小时。ICE1 也可以在既有线上行驶，但其允许最高速度只有 200 公里 / 小时。在最高运营速度方面，ICE1 是当时全球高速列车的亚军，冠军是法国在大西洋线上运行的 TGV-A 列车（最高运营速度为 300 公里 / 小时），日本的新干线列车屈居第 3。

ICE1 采用当时最先进的异步电机牵引的交流传动技术；在制动技术方面也有创新，附加制动采用了磁轨制动，能适当缩短紧急制动距离。

ICE2 与 ICE1 一样，也采用动力集中方式。动力集中方式是法、德两国擅长的技术。然而，2000 年 6 月推出的德国第 3

代高铁列车 ICE3 却改为动力分散方式。这是为什么？一是因为 ICE1 与 ICE2 列车的最大轴重高达 19.5 吨，超过了国际铁路联盟（UIC）的高速列车标准值（最大轴重必须控制在 17 吨以下），如果不改变，德国的高铁列车只能被限制在国内运营，当然这是德国不希望发生的；二是因为科隆到法兰克福高速线上有最大坡度为 40‰的大坡道，加上 300 公里 / 小时的运营速度也要求采用动力分散方式，由是开发了 ICE3 动力分散列车系列。

ICE3 列车的最大轴重降低到了 16 吨，不但可以作为国际列车运营，而且最高运营速度提高到了 320 公里 / 小时。此外，高速列车的制动系统也得到了改进。列车速度在 50 公里 / 小时以上时，可以利用再生制动和涡流轨道制动装置，不仅能减少机械制动装置的数量，而且只需在列车速度 50 公里 / 小时以下时才使用机械制动，使机械制动装置的磨耗大为减少，降低了维护工作量和维护费用。

德国铁路网结构比较完善，铁路基础设施建设相对稳定，其主要任务是加大既有线投资改造力度，提升既有线路能力。新建高铁线与改造后的既有线连接成网，高铁线白天运行客车，晚上运行货车。

德国铁路公司的目标是：科隆至柏林和慕尼黑的高铁最高时速达到 300 公里，科隆至巴黎的高铁在法国境内提速到每小时 320 公里。在维尔茨堡和汉诺威之间的主要路段，时速最高达 280 公里。德国铁路十分注重节能，最新开发的 ICE4 列车降低了最高运营速度，目的就是为了节能。

与中国不同的是，德国高铁常常要和速度较慢的普通列车共用铁路网（法国 TGV 高速列车也经常下线至普通铁路上，这点与德国相同）。

德国高铁致力于提高列车的平稳性、舒适性和安全性，注重车体轻型化、低噪声、舒适、安全、节能等方面的技术进步。

短途旅客列车在德国占据很重要的位置，针对不同的需求开行城市快速列车、地区快车、地区普通旅客列车。由于对旅客所需求的产品有了准确的定位，短途客运产品一经推出，便得到了旅客的认可。而同时对航空占主流的远距离长途客运则按列车速度、编组推出两种不同的客运产品：一种是最高时速280公里的动力集中方式高速列车，另一种是最高时速330公里/小时的动力分散方式高速列车，以满足喜欢乘坐陆上交通工具出远门旅客的需求。德国高铁与民航的合作互补做得很好，例如，可以共享航班号、"无缝"换乘，使高铁与航空互为其延伸，从而减少短途飞行。

四、西班牙的高铁倍增计划

1992年，夏季奥运会在西班牙巴塞罗那举行，为期半年的世界博览会也将在塞维利亚举办。为了迎接这两大盛会，西班牙引进了法国的高速列车、德国的信号系统和交流供电系统，建成了从马德里至塞维利亚的高速铁路，于当年4月20日投入运营。这是西班牙的第一条高速铁路，全长417公里，客货运兼顾、高中速列车同线运行，最高运营速度300公里/小时。西班牙的高铁以首都马德里为中心，辐射至全国各个方向的重要城市。截至2017年底，西班牙高铁总里程为2 938公里，西班牙用不到20年的时间使自己成了欧洲高铁运营里程最长的国家，列车最高运营速度达310公里/小时。

西班牙的高速列车名为AVE，是西班牙语Alta Velocidad Española（西班牙高速）的缩写（图1.5）。

西班牙的第一代高铁列车AVE-S100以法国的TGV-A为原型车设计而成，采用2节动车8节拖车的10节编组形式（2L8T），最大轴重17吨，采用铰接式转向架、同步电机牵引，最高运营速度300公里/小时。

第一条高铁通车后大受欢迎，客运量以年均10%的速率

图 1.5 西班牙 AVE 高速列车 罗春晓摄

增长，于是高层决定把第一条高铁从马德里向东北方向延伸到西班牙第二大城市巴塞罗那，并由西班牙 Talgo 公司与庞巴迪公司联合研发第二代高速列车 AVE-S102。与此同时，在德国 ICE3 列车基础上研发动力分散型的 AVE-S103 列车。目前运行在马德里至巴塞罗那高铁线路上的高铁列车就是 AVE-S102 与 AVE-S103 这两种车型，其最高运营速度为 310 公里 / 小时。

　　西班牙是欧洲建设高铁线路最多的国家。与我们国家类似，西班牙也是通过规划引领高铁的发展。在已经拥有大量高铁线路的基础上，西班牙提出了进一步的建设规划，希望到 2050 年，90% 的西班牙公民都能居住在离高铁车站不到 50 公里的范围内；算上拟建或在建的高铁线路，未来西班牙将以 5 525 公里的里程实现高铁规模再 "翻一番"。

五、意大利的摆式列车

意大利是世界上继日本之后第二个开工建设高铁的国家，可惜的是，虽然他们"起了个大早"，却"赶了个晚集"。

1966 年，也就是日本东海道新干线投入运营后两年，意大利就提出了高铁建设计划；1970 年开工建设第一条高铁（从罗马至佛罗伦萨），线路总长 254 公里，最高时速为 250 公里。然而，由于遭遇拆迁难、居民反对等原因，这条高铁直到 1992 年才完工，用时 22 年，因此成为世界高铁史上建设速度最慢的一条高铁。但从此之后，意大利高铁建设速度大大加快，先后修建了罗马至那不勒斯、博洛尼亚至佛罗伦萨等高铁线路，并将国内的主要城市用高铁连接了起来。截至 2017 年底，意大利高铁总里程达 981 公里，最高运营速度达 300 公里 / 小时。

由于意大利半岛山多、丘陵多，这样的地理条件导致意大利的铁路既有线曲线区间多、转弯半径小，因此早期的意大利高铁与法国 TGV 或日本新干线不同，并不依赖建设高铁新线，而是在既有线小半径曲线拐弯处使用列车倾斜的办法来提速，即采用"摆式车体"技术。然而近几年来，意大利发现，在新建转弯半径大的高速铁路上（例如罗马至佛罗伦萨高铁线路段的最小曲线半径达 5 400 米）已没有必要采用摆式车体。

有关"摆式车体"的最新技术信息是：法国阿尔斯通为美国国家铁路客运公司（Amtrak）提供的新一代 Avelia Liberty 摆式列车，其最高运行速度可达 300 公里 / 小时，受美国东北走廊运行条件限制，预计运行最高速度只能达到 257 公里 / 小时，该列车将于 2019 年下线，2021 年正式投入使用。

经过几年研发，意大利新一代动力集中方式的高铁列车 ETR500 在 1995 年正式投入运营，其最高运营速度可达 300 公里 / 小时，因此它被称为"意大利欧洲之星"（图 1.6）。

图 1.6　意大利 ETR500 高铁列车运行在米兰—博洛尼亚的高铁线上　罗春晓摄

　　1995 年，意大利从摆式列车到 ETR500 高速列车的技术转型，给中国 1998 年正在展开的京沪间究竟是对铁路既有线利用摆式列车进行提速改造，还是新建京沪高速铁路的大讨论，提供了借鉴。可见，放眼世界高铁，可以帮助人们了解高铁技术当时所达到的最高水平及其发展趋势。

六、"纸上的"美国高铁

　　提到世界高铁，如不提到美国，似乎不近常理。也是，当今世界什么事离开过美国呢？不了解情况的人士会认为是出于什么考虑。但是，美国确实没有高铁。从华盛顿到波士顿，这条美国政治经济文化最发达的东北走廊，并行有多条铁路，其中有由美国国家铁路客运公司运营的铁路客运列车，也只在局

图 1.7 美国 acela 高速列车 罗春晓摄

部区段在很短时间内达到 240 公里 / 小时，全线 640 余公里线路，平均旅行速度只有 109 公里 / 小时。而一些美国人认为这就是高铁，进而推论"高铁无非如此"，这成了某些利益集团用来否定高铁的理由。

其实早在日本高铁问世后不久，美国就制订了一个全国性的高铁网规划。此规划由 11 条客运走廊构成，分别为：加州客运走廊、中南部客运走廊、墨西哥湾沿岸客运走廊、佛罗里达客运走廊、东南部客运走廊、东北客运走廊、楔石客运走廊、帝国客运走廊、北部新英格兰客运走廊、芝加哥枢纽客运网络、太平洋西北客运走廊等，总计约 15 700 公里。可是这个规划被束之高阁，并没有实施。

美国前总统奥巴马在他的第一篇国情咨文中说："我们没

有理由让欧洲和中国拥有最快的铁路。"随后，奥巴马政府宣布启动美国高铁建设的"25 年计划"，声称到 2025 年，要让80% 的美国人坐上高铁。然而直到奥巴马离开白宫，美国广袤的国土上仍无高铁的踪影，反倒留下了几次高铁项目即兴即废、因政治角力反复折腾的尴尬记录。美国现在唯一可以向世人展示的是，加利福尼亚州高铁终于在 3 年前艰难开工，预计竣工交付运营的时间为 2030 年。有耐心的人，不要着急，慢慢地等着吧。

注：本章截至 2017 年底的最新数据均由中国铁道科学研究院信息所提供；其中高铁运营线路里程采自国际铁路联盟（UIC）对时速 200 公里及以上线路的统计数据。

第二章

中国高铁应运而生

　　1978 年 10 月，时任中共中央副主席、国务院副总理的邓小平对日本进行访问。10 月 26 日，邓小平乘坐新干线列车从东京前往京都，车厢内显示屏上表明列车时速为 210 公里，邓小平在回答同行记者的提问时说："快，像风一样快！有催人跑的意思，我们现在正合适坐这样的车。"说完他又补充道："我们现在很需要跑！"

　　两个月后，1978 年 12 月 18—22 日，中共十一届三中全会在北京举行，中国的改革开放拉开了序幕。邓小平在日本高铁列车上发出的这一声"起跑"令，不仅使中国高铁跑起来，从"跟跑""并跑"到"领跑"；整个国家也从"站起来""富起来"跑到了"强起来"的新时代。

　　活跃的生产力能推动生产关系的变革。可以说高速铁路在某种程度上推动了中国的改革开放；更为重要的是，改革开放孕育了中国的高速铁路。

　　中国高铁应运而生。

一、轮轨和磁悬浮：谁更相宜

　　1998 年 6 月 2 日，在中国科学院和中国工程院两院院士大会上，时任总理的朱镕基同志谈到他访问德国时，德国总理科尔陪同他乘坐磁悬浮列车，感觉特别好，杯子放在小桌板上非常平稳，这才是真正的高科技。他向在座的 1 000 多位院士发问：京沪高速铁路是否应该采用磁悬浮技术？这件事请中国工程院组织院士进行咨询论证。

　　论证工作开始之初，专家之间的意见分歧较大，专家们的发言都很尖锐，"火药味"较浓。归纳起来有三种不同意见：一是不同意建京沪高铁，认为没有必要，或者应推迟 10 ～ 15

年，目前只需采用"摆式列车"提高列车速度就行；二是要尽快建设采用轮轨技术的京沪高速铁路，因为对此已进行了十几年的可行性研究和线路勘探工作；三是同意建设新的京沪高速通道，但主张采用磁悬浮技术，认为这是高速轨道技术的未来发展方向，中国应该抢占这一技术高地。

在进行论证的同时，开展广泛的调查研究，还组织专家专程去德国和日本考察，共召开了三次论证组专家全体会议：第一、第二次分别讨论轮轨和磁悬浮方案，第三次进行综合讨论，在综合讨论后，形成了上报初稿。专家们的意见除了在"必须尽早建设京沪高速通道"上取得完全一致外，在具体方案上还存在不少分歧。

这项咨询工作历时半年多，最终形成了《磁悬浮高速列车与轮轨高速列车的技术比较和分析》。

中国工程院上报国务院的京沪高速铁路咨询建议，主要结论有以下四条。

第一，建设京沪高速铁路是我国发展高速铁路的首选。第二，从国际上看，轮轨高速技术既是成熟技术，又是正在不断发展的高新技术，在京沪线上采用轮轨技术方案是可行的。但由于其技术难度大，我国尚无实践经验，故应统一规划、充分论证、分段实施、加强管理，确保建设的高质量。第三，磁悬浮高速列车有可能成为 21 世纪地面高速运输新系统，具有明显的技术优势；由于目前世界上尚未建成商业运营线，因而至少在 10 年内，不能在京沪全线采用磁悬浮列车方案进行工程建设。但应加强研究开发，组织精干队伍，加大投资力度突破关键技术，在合适的地段建设一段试验运行线，以取得工程和运行经验，为我国今后发展长距离高速磁悬浮列车商业运营线打下基础。第四，采用摆式列车，对于客货运高密度混运的京沪线而言，难以实现提速到 200 公里 / 小时以上的目标，因而是不可取的。

建设总长 1 318 公里的京沪高速铁路是举世瞩目的超级工程，虽然有不同的方案之争，但都充分体现了专家们的敬业和爱国精神；国务院最终决定采用轮轨方案，2012 年之前建成并通车，说明中国工程院所组织的这次咨询论证是负责任的，是经得起历史检验的。

这场大讨论可以说是中国在世纪之交奏响的高铁序曲。

二、高速和重载：鱼和熊掌不可兼得

在技术层面，客运列车与货运列车有着各自的特点与"爱好"：客运追求高速，列车跑得越快越好，车体越轻越好；货运则要求重载，列车拉得越多越好，载货越重越好。简言之，货车喜欢"多拉"，客车更热爱"快跑"，如果客货运列车奔驰在同一条铁路线上，这就给轨道和线路带来了麻烦，使线路工程的设计者左右为难、无所适从。随着技术进步，列车速度越来越快，这一分歧就越来越明显。最后，高速列车与重载列车只能说"再见"，分道扬镳了。

【知识链接】客运专线与高速铁路

客运专线是专供旅客列车运行，最高运行速度达 200 公里/小时及以上的路网干线铁路。中国路网铁路过去大多客货共线，这给铁路运营管理、提高行车速度和综合运输能力带来诸多困难。修建客运专线，实现主要干线客货运分线是中国铁路的发展趋势。

2013 年李克强总理签发的《铁路安全管理条例》(国务院第639 号令，自 2014 年 1 月 1 日起施行) 第 107 条中规定："本条例所称高速铁路，是指设计开行时速 250 公里以上（含预留），并且初期运营时速 200 公里以上的客运列车专线铁路。"

国际铁路联盟对高速铁路的定义是：经过技术改造的、速度大于或等于 200 公里/小时的铁路既有线；专门建设的、速度大于或等于 250 公里/小时的铁路新线。然而，国际铁路联盟在实际操作时，往往将速度 200 公里/小时及以上的铁路全都统计为高速铁路，无论是新建或是改建。

图2.1　大秦线上的HXD1型电力机车牵引2万吨重载列车　罗春晓摄

在铁路客货运需求旺盛的国家，在主要经济走廊或人口稠密地区，为满足客货运量不断增长的需要，在同一运行方向或径路方向上，往往同时修建多条铁路，这样的线路称为"多线铁路"。多线铁路在车站之间的区间内以四线（两条双线）为多，在枢纽（大型车站）地区甚至有四线以上。由于存在多线铁路，如何从提高运输效率和质量出发，妥善安排好客货运输，是铁路管理者面临的一项重要任务。

客货分线运输是多线运输模式中的一种。实际上，客货分线运输并不是绝对意义上的客货列车分开运行，而是将速度相近的列车安排在同一条线路上开行，从而提高线路的通过能力并降低建造成本。因此，一般是将速度较高的旅客列车安排在一条线路上运行，同时将速度较低的旅客列车和货物列车安排在另一条线路上运行，以实现铁路运输能力的充分利用并降低建设成本。以比较常见的四线运输为例，铁路管理者往往将一条复线供较高速度的客运列车使用，而另一条复线供较低速度的客运列车和货运列车使用。

在六线以上的大能力客货通道中，在实践中形成了三种线路类型，即客运专线、货运专线和客货共线。针对客货列车分线运行，德、法、英等国为提高铁路运输能力，在20世纪中后期开始从运输能力及运输质量、工程投资、养护维修、施工干扰、路网发展、运输组织等多方面对客货分线运输进行深入研究，综合分析客货分线运输的规律和特征，结论是运输量大的线路客货分线运输应成为发展方向。

客运列车和货运列车所追求的目标及其对轨道的作用力是不同的。客运列车的首项要求是高速，货运列车的首项要求是重载；由于列车的功能不同，导致列车对轨道的作用力也大相径庭，动力分散型高速动车组的轴重只有十几吨，而重载列车的轴重高达30吨。而任何工程结构物或机械装置都是按照最大载荷（作用力）进行设计的，如果钢轨和轨道都按客车的载荷设计，其强度（用来抵抗拉力和压力）和刚度（用来抵抗变形）就会不够；若都按货车载荷设计，其强度和刚度就会有冗余，造成浪费。

线路曲线的外轨超高设置，也很难同时兼顾追求高速的旅客列车和追求重载的货物列车。人们骑自行车时都有这样的经验：拐弯时身体都会自然地向内侧（转弯半径向心方向）倾斜，速度越快，倾斜得越厉害。火车转弯时同样如此，所以在线路拐弯处的外侧钢轨必须抬高，提供拐弯时抵抗离心力所需的向心力，抬高外轨在技术上称为"曲线超高"。适合高速列车拐弯的超高，低速的列车通过时就有可能因超高太多而翻车。此外，列车速度不同，要求线路最小曲线半径也不同，列车速度越快，要求最小曲线半径越大，也就是要求线路越平直。因此，鱼和熊掌不可兼得。

在既有线提速的基础上，我国在部分繁忙通道上修建双线或多线铁路。在规划高速铁路建设时，决定采用客货列车分线运输的组织方案。从此，"客运专线"这一概念登上历史舞台，进入了人们的视野。

需要说明的是，并不是所有高速铁路都是客运专线（如部

分高铁兼顾货运）；也不是所有客运专线都是高速铁路（如部分城际铁路）。但它们二者之间有很大的交集，如图 2.1 所示。

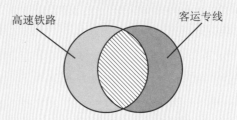

图 2.2　高速铁路与客运专线

三、客货运列车分道扬镳

我国铁路网规划的主要思路之一是在铁路运输繁忙通道修建第二双线，为实现客运高速化和货运重载化创造条件。在 2008 年《中长期铁路网规划》调整方案中明确提出："能力紧张的繁忙干线实现客货分线，经济发达的人口稠密地区发展城际快速客运系统。"近几年来，随着大量高速铁路陆续投入运营，国内一些主要繁忙铁路通道，如北京—上海通道、武汉—广州—深圳通道等已经形成了包含高速铁路的四线甚至四线以上多线运输，完全具备了客货分线运输的基本条件。至今，中国铁路已成功进行了客货列车在多线通道上的转移调整。

高速铁路建成后的通道分工、客流细分和客流来源如下。

通道分工：高速铁路承担通道内大部分旅客运输，既有干线主要开行货物列车，分阶段减少旅客列车。

客流细分：高速铁路承担对旅行速度及舒适度要求较高的旅客运输，既有干线主要承担对旅行速度及舒适度要求不太高的旅客运输，从而分别满足不同的需求。

客流来源：高速铁路客源主要来自大部分既有铁路客流、部分航空客流、部分公路客流和诱增客流，既有干线客源主要来自既有铁路沿线客流和部分跨线长途客流。

目前，具备客货列车分线运行条件的铁路通道有北京—上海、武汉—广州—深圳、郑州—西安、上海—杭州等，其中广深、胶济、沪宁、沪杭是省区内城际运输通道，武广、郑西则是省际铁路繁忙通道中的一部分。由于我国高速铁路建设采取"分段建设、分段运营、由段成线、由线联网"的方针，快速客运网形成后，我国主要繁忙干线通道基本具备客货列车分线运行条件，如表 2.1 所示。

表 2.1　我国铁路主要干线通道

繁忙通道	高速铁路	既有铁路干线
京沪通道	京沪高速铁路	京沪线
京广通道	京石、石武、武广高速铁路	京广线
京哈通道	京沈、哈大高速铁路	京哈线
青石太通道	石太客运专线，石济高速铁路，胶济客运专线	石德线、胶济线
陇海通道	郑徐、郑西高速铁路；宝兰客运专线；兰新第二双线	陇海线
沪昆通道	沪昆高速铁路	沪昆线

客货列车分线运行后，高速铁路开行 G 字头、D 字头列车，或者采用本线、跨线旅客列车共线的运输模式；既有干线则采取向"以货为主，兼顾客运"逐步过渡的运输模式。与客货共线运输模式相比，客货列车分线运输有如下优点：

1. 列车速度差异较小。客货共线运输，既有线有 D 字头动车组列车、直达特快、特快、快速、普通旅客列车，以及快运、普通货物、摘挂货物列车等多种列车，客货列车速度差较大。实施客货分线运输后，高速铁路开行高、中速列车；既有线上增加货物列车，逐步减少旅客列车且逐步降低其等级。实现不同速度等级的列车分线运行后，各线的列车运行速度差逐步缩小。

2. 充分利用运输能力。客货共线运输，客货列车速度差较

大，同时旅客列车阶段性集中，运输能力损失严重。实施客货分线运输后，由于高速铁路分流既有线主要客流，同等级列车向同类条件线路集中，从而使高速铁路和既有线的运输能力均能充分利用。

3. 旅客列车速度大幅提高。既有线受限于线路技术标准，旅客列车提速有一定的限度，高速铁路建成后，可充分发挥其高速度、高密度、高舒适度的优势。

4. 日常运输调度组织难度趋简。由于高速铁路和既有线列车速度差小、列车种类减少，日常运输调度组织难度减小。

5. 运输安全性提高。客货分线运输，高速铁路开行高、中速旅客列车，既有线开行货物列车和低速普通旅客列车，相对于客货共线模式下的多列车种类、多速度等级，客货分线运输

图2.3　既有陇海铁路与徐兰高铁宝兰段　罗春晓摄

可降低风险，提高安全性、可靠性。

6.有效提升服务质量。高速铁路承担通道内的大部分旅客运输，既有线则承担全部货物运输和小部分旅客运输，在提高运输能力的同时，能充分发挥高速铁路与既有线各自的优势，最大限度地满足旅客和货主的多样化运输需求，有效提升运输服务质量。

【知识链接】高速铁路轨道和普通铁路轨道的区别

1.普通铁路都是有砟轨道（所谓"砟"就是钢轨及轨枕下面填满的小石子），时速 250 公里的高速铁路也采用有砟轨道。我国时速 300 公里及以上的高铁线路都为无砟轨道，采用钢筋混凝土轨道板铺就的整体道床；法国、西班牙、沙特阿拉伯等国的高铁多用有砟轨道。

2.高铁线路的平整度要求高，上下行线路之间距离大，我国时速 300 公里及以上的高铁双线之间距离为 5 米。

3.高铁对转弯半径和道岔要求高，我国时速 300 公里高铁线路曲线半径至少是 5 000 米，道岔的通过速度至少为 250 公里 / 小时。

4.高铁线路防止地面沉降的举措要比普通铁路更严格。

四、我国高铁的"开路先锋"——秦沈客运专线

1999 年 8 月开始建设的秦沈（秦皇岛—沈阳）客运专线是我国第一条客运专线，也是我国高速铁路建设的试验线和"开路先锋"。

秦沈客运专线全长 405 公里。该线线下工程按时速 250 公里设计，线上工程按时速 200 公里设计；在地势较为平坦的区段——山海关至绥中北站的 66.8 公里，设置为我国高速铁路综合试验段，其设计速度为 300 公里 / 小时；全线最小曲线半径为 3 500 米，部分地段的曲线半径确定为 5 500 米。

　　秦沈客运专线不同于之前的普速铁路，为保证这一工程达到从未有过的高标准，专门开发了成套新技术，由此创造了当时中国铁路的众多"第一"和"首创"。

　　路基按土工结构物的全新概念进行设计和施工，对填料、压实、沉降变形的规定比普速铁路严格，还开发了新型钢轨，研制了大号码道岔，铺设了超长无缝线路，并第一次在我国高标准线路的桥梁上试铺无砟轨道。

　　在桥梁设计施工方面，率先在我国铁路建设中大范围采用双线混凝土箱型梁、混凝土钢构连续梁；研制了具有国际水平的 600 吨架桥机，其运架能力和效率创造了当时的国内新纪录。

　　在我国第一次采用铜镁合金导线接触网，其受流性能明显改善；牵引变电所具有远动控制和自诊断功能，做到了无人值守。

　　信号和控制系统也取得突破，以车载速度显示作为行车凭证。秦沈客运专线是我国第一条取消地面通过信号机的铁路。

　　在机车车辆制造上，试制成功"先锋号"和"中华之星"两种高速动车组。

　　开工建设两年以后，秦沈客运专线开始系列测试。大量数据表明，路基、轨道、道岔、桥梁的性能及接触网工作状态良好，满足设计要求，轨道平顺性检测结果达到国际水准。

　　2002 年 6 月，秦沈客运专线全线铺通。此后不久，我国独立研发的动力分散型高速动车组"先锋号"于 2002 年 9 月 10 日在秦沈客运专线上跑出了 292.8 公里 / 小时的试验速度；2002 年 11 月 27 日，我国独立研发的动力集中型高速动车组"中华之星"在秦沈客运专线上更跑出了 321.5 公里 / 小时的最高试验速度，这是我国自主建设的高速铁路试验速度第一次超过 300 公里 / 小时，刷新了我国铁路的最高纪录。随后，"中华之星"列车曾空载通过秦沈客运专线，从北京驶向沈阳，列车运行十分顺利，全程仅用 4.5 小时。

　　秦沈客运专线在建设过程中推行精细化管理，严格控制成

图 2.4　行驶在秦沈客运专线上的旅客列车

本，平均每公里造价仅为 3 984 万元。

至今，秦沈客运专线已正式运营多年，与提速改造后的京秦线构成了北京至沈阳的客运通道，在 2011 年 9 月我国高铁整体降速的前几年间，列车运行最高时速曾达到 250 公里，实现北京至沈阳 4 小时到达，很受旅客欢迎。

在秦沈客运专线的建设过程中，不但开发了新技术，积累了设计施工经验，同时还培养了一大批人才。京沪等高铁线路的建设骨干大都有在秦沈客运专线上锻炼过的经历。

五、第一条时速 300 公里以上的高速铁路

在《中长期铁路网规划》的指引下，高速铁路的宏伟蓝图正在逐步成为现实。中国高速铁路的建设节奏，由十几年讨论一条高铁的可行性，转变为一年建设好几条高铁。2005 年 6 月，武汉至广州高速铁路正式开工建设，这是中国第一条长大干线高速铁路。7 月 4 日，北京至天津城际铁路开工，在 2008

图 2.5　时速 350 公里的"和谐号"动车组试验列车飞驰在京津城际铁路的高架桥上　原瑞伦摄

年 8 月 1 日北京奥运会开幕前正式开通运营。这是我国第一条设计时速超过 300 公里的高速铁路（图 2.5）。

京津城际铁路起自北京南站，终点为天津站，全长 161 公里，列车直达运行时间为 30 分钟，最小追踪间隔仅 3 分钟。对于习惯于市内交通动辄数小时的北京市民而言，半小时的通行时间完全能够接受。京津城际铁路投入运营后，周末去天津吃小吃、听相声，成了很多北京人的休闲方式。同时，得益于京津城际铁路的开通，天津市各展馆以及大小剧场的营业额都有了不小的增长，泥人张彩塑、杨柳青年画等传统工艺品以及"狗不理"包子等名特产品的销量更是创下了历史新高。

京津城际铁路大量采用了"以桥代路"，其桥梁长度占到了线路总长的 87%。京津城际之所以采用以桥代路，有着多方面原因。第一，为了提高线路的平顺性。这就要求线路尽量采用直线或者大半径圆曲线，不能有太多太急的弯道，如时速 350 公里的高铁要求线路的曲线半径不得小于 7 000 米；也不能有太多太大的起伏，这就涉及坡度问题。为了截弯取直、减小坡度，采用桥梁就是不错的选择。第二，是为了使线路不会有较大的沉降。有人说，国外 10 年、20 年才能建成一条高铁，而中国只用三五年就建一条，连让线路稳定沉降的时间都不够，其实这是一种误解。普速铁路的填方路基是由特定的填料（黏土、碎石土等）填筑而成，这些填料填筑时是比较松散的，需要依靠机具压实到一定程度；但是由于填料本身的固有性质，即使经机具压实后，填土也会继续发生一定程度的固结沉降，而在软土地基上填筑的路堤，还会附加有软土层的沉降。而"以桥代路"则不同，桥梁建立在桩基之上，随着地质情况不同，桩基的深度也不同，一般要打到岩石层，有些桩基深度甚至达到 60～70 米，这样的线路沉降就非常小。第三，是为了节省宝贵的土地资源。据担任京津城际铁路勘察设计任务的铁三院集团公司负责人介绍，仅"以桥代路"一项，京津城际铁路就节约土地 4 590 余亩（1 亩约为 666.67 平方米）。虽然"以桥代路"会使高铁本身的造价有所提高，然而随着近几年来征地成本的不断增加，"以桥代路"的这一缺点反而成了优点。

京津城际铁路的建成通车具有重要意义：它是我国第一条时速 300 公里以上的高速铁路，它的建设与运营为中国高速铁路网的建设发展提供了经验，具有示范意义。

高铁好不好，乘坐就知道。北京是中国的首都，天津是中国四大直辖市之一，所以来中国访问、对中国高铁感兴趣的各国政要，往往都会到京津城际铁路去亲自体验。10 年来，先后有 60 多个国家、300 余名政要考察体验过京津城际。京津城际的运营速度、良好的线路平顺性以及舒适性给各国贵宾留下了深刻印象。

2018 年 8 月 1 日，京津城际铁路迎来开通运营 10 周年。当天，京津城际全部更换为更先进、更舒适的"复兴号"中国标准动车组列车，8 月 8 日起列车提速至时速 350 公里。京津城际开通运营以来，旅客发送量逐年递增，10 年来累计运送旅客 2.5 亿人次。2009 年发送旅客 1 456 万人次，而到 2018 年上半年发送旅客已达 1 486.2 万人次，日均运送旅客 8.2 万人次。每日开行列车数量从最初的 47 对增至现在的 108.5 对，京津城际铁路已经成为往来京津两地旅客的首选。京津城际铁路开通运营 10 年来，为服务北京奥运会、推动京津冀协同发

展、助力区域经济社会建设发挥了重要作用，也为中国高铁的运营管理提供了技术和经验积累。

六、"复兴号"开启中国铁路新时代

截至 2017 年底，中国的高速铁路线路总长达 2.5 万公里，约占世界高速铁路总里程的 2/3。2017 年 6 月 26 日，新一代"复兴号"高速动车组在京沪高铁投入商业运营（图 2.6）。"复兴号"是具有完全自主知识产权的动车组，因为它的牵引、制动、列车网络等核心技术都是自主化的，在其 254 项重要标准中，中国标准占了 84%。"复兴号"开启了中国标准高速铁路新时代。

"复兴号"最高运营速度为 350 公里 / 小时，居世界高铁商业运营速度之最。中国标准动车组完成了整车 60 万公里的

图 2.6 "复兴号" CR400BF 驶出北京南站 罗春晓摄

运用考核，欧洲一般只有40万公里，其性能指标实现了较大提升。"复兴号"的牵引功率比"和谐号"提升了7%，达到了1万千瓦，这意味着"复兴号"从静止到时速350公里的启动加速时间缩短到6分钟30秒左右，比"和谐号"减少了1分钟21秒；在安全性方面，全车共安装了2 500个传感器，作为监测点，能够实时监测列车的运行状态，当列车出现异常时，系统可自动报警，并能根据"故障导向安全"的策略自动采取降速或停车措施；列车通过远程数据传输，还可使在地面的控制中心与动车段实时获取列车状态信息，具有同步监测、远程维护能力；"复兴号"虽然车体高度从3.70米增加到4.05米、车体断面积加大了7.3%，但它的运行阻力反而有所降低，更加节能、环保，整列车的阻力比"和谐号"降低了12.3%，京沪线全程往返一趟可节电5 000度；"复兴号"加大了车体断面，调整了座椅间距，降低了车内噪声，还做到了Wi-Fi全覆盖，旅客的乘坐体验更加舒适；此外，"复兴号"的设计寿命也从以前动车组的20年延长到了30年。

2018年7月1日，世界首列时速350公里的长编组"复兴号"在京沪高铁投入运营，列车总长度达414.26米，总定员可达1 193人，是单组"复兴号"列车的两倍多。此前投入运营的"复兴号"都是8辆短编组列车，在春运等客流高峰期临时重联组成16辆编组，虽然拥有可灵活解编的优点，但列车中间的两辆头车会降低载客能力；长编组"复兴号"将中间两辆头车改换成全载客车厢，可进一步提升客运能力。这次首次采用的16辆长编组"复兴号"列车，是目前世界

图2.7　"复兴号"高铁列车　杨宝森摄

上投入商业运营最快、最长的高铁列车（图 2.7）。

高速铁路诞生在日本，发展于欧洲，而令世界高铁格局大变的是中国。

1964 年日本东海道新干线投入运营，宣告高速铁路登上历史舞台，但它只能算是高铁的星星之火。将高速铁路发扬光大的是法国，LGV 大西洋线的诞生，让世界见识了高速铁路的巨大威力，此后法国 TGV 的铰接式转向架技术又先后进入了西班牙、韩国、英国、美国等国家。随着德国高速铁路的崛起，欧洲的高铁技术走进了更多国家。那么，为什么说真正改变高铁格局的是中国呢？这是因为截至 2017 年底，中国高速铁路总里程 2.5 万公里，约占世界高速铁路总里程的 2/3，中国高铁占据了世界高铁版图的大半壁江山；中国高铁覆盖面积之广、载客之多是其他国家的高铁无法与之相比的。截至 2017 年底，中国高铁动车组旅客发送人数累计超过了 70 亿人次（相当于已运送了全世界人口），而且从 2016 年开始，在中国铁路的旅客发送总量中，乘坐高速动车组的旅客占比已经过半（占 52.3%）。2017 年，我国铁路投产新线 3 038 公里，高铁"朋友圈"扩展至 30 个省会级城市和直辖市；兰渝铁路（兰州—重庆）、武九高铁（武汉—九江）、宝兰（宝鸡—兰州）、西成高铁（西安—成都）……这一年开通运营的新线 90% 都在中西部。中国铁路已进入了高铁时代。表 2.2 是中国已开通运营的高速铁路一览表（截至 2017 年 7 月）。

高速铁路与高速动车组列车已成为中国的一张靓丽名片。

2013 年秋，习近平主席出访期间先后提出"丝绸之路经济带"和"21 世纪海上丝绸之路"的倡议，倡导共商、共建、共享理念，得到国际社会积极响应。如今，"一带一路"建设已迈出坚实步伐。以铁路"走出去"为例，亚洲的印尼雅万高铁、中泰铁路、中老铁路和欧洲的匈塞铁路等多个项目正在积极推进，非洲肯尼亚的蒙内铁路、埃塞俄比亚至吉布提的亚吉铁路已建成通车，铁路已成为中国践行"一带一路"倡议的开路先锋。

表 2.2 我国已开通运营的高铁线路一览表

规格	名　　称	设计时速（公里/小时）	里　程（公里）	开通运营时间
350公里/小时	京津城际	350	京津段 118 津于段 43	2008.8 2015.9
	武广高铁	350	1 069	2009.12
	郑西高铁	350	505	2010.2
	沪宁高铁	350	301	2010.7
	沪杭高铁	350	169	2010.10
	京沪高铁	350	1 318	2011.6
	哈大高铁	350	921	2012.12
	京广高铁	350	2 298	2012.12
	宁杭高铁	350	256	2013.7
	津秦高铁	350	287	2013.12
	合福高铁	350	852	2015.6
	成渝高铁	350	308	2015.12
	郑徐高铁	350	361.9	2016.9
	杭长高铁	350	927	2014.12
	沪昆高铁	350	2 252	2016.12
	合蚌客运专线	350	130.67	2012.10
	京石客运专线	350	281	2012.12
	石武客运专线	350	840.7	2012.12
	武广客运专线	350	1 069	2009.12
	盘营客运专线	350	89	2013.9
	杭甬客运专线	350	149.8	2013.7
	西宝客运专线	350	167	2013.12
300公里/小时	温福铁路	300	298.4	2009.6
	徐兰高铁	250～350	1 400	2017.7
	杭福深客运专线	200～350	1 464	2013.7
	广深港高速铁路	250～350	142	2011.12
	长昆客运专线	300	1169	2016.12
	贵广高铁	300	857	2014.12

续表

规　格	名　　称	设计时速（公里／小时）	里　程（公里）	开通运营时间
	衡柳高铁	250	497.9	2013.12
	武咸城际铁路	250	91	2013.12
	湘桂高铁	250	721	2013.12
	柳南城际铁路	250	226	2013.12
	武冈城际铁路	250	36	2014.6
	武石城际铁路	250	97	2014.6
	郑开城际铁路	250	50.33	2014.12
	郑焦城际铁路	250	78	2015.6
	郑太高铁	250	420	2015.6
	哈齐高铁	250	282	2015.8
	郑机城际铁路	250	37	2015.12
	汉孝城际铁路	250	62	2016.12
	石太客运专线	250	225	2016.12
	宁蓉线	160～350	1 985	2014.7
	大西高铁	250	859	2014.7
250公里／小时	长吉城际铁路	250	112	2011.1
	广西沿海城际铁路	250	262	2013.12
	南钦高铁	250	99	2013.12
	钦防高铁	250	62.6	2013.12
	钦北高铁	250	99.6	2013.12
	海南环岛铁路	200～250	353	2015.12
	西成高速铁路	250	643	2014.12
	南广高铁	250	577.1	2014.12
	甬台温铁路	250	275	2009.9
	福厦高铁	250	294.1	2010.4
	厦深高铁	250	514	2013.12
	宝兰客运专线	250	400.6	2017.7
	胶济客运专线	250	362.5	2008.12
	合宁客运专线	250	156	2008.4
	合武铁路客运专线	250	360	2009.4
	汉宜高速铁路	250	292	2012.7
	秦沈客运专线	250	405	2002.12

第三章

自主创新战略

习近平总书记强调："真正的大国重器，一定要掌握在自己手里。核心技术、关键技术，化缘是化不来的，要靠自己拼搏。"

全面自主创新是最重要的中国高铁战略。高速铁路和高铁列车之所以能成为靓丽的中国名片，主要靠自主创新、兼收并蓄、攻坚克难。我国既能搞好引进、消化、吸收、再创新，又坚持自主研发、自力更生，有效破解核心关键技术，终于把高铁这一"大国重器"掌握在自己手里。

一、动力集中还是动力分散

高铁脱胎于普通铁路，在高速列车出现之前，大家耳熟能详的一句话是："火车跑得快，全靠车头带"。当人们进入高铁时代，这句话还适用吗？

把驱动列车前进的动力装置全部集中在火车头上，还是化整为零地分散在各节或多节车辆上，是两种不同的列车牵引方式。带动力的车辆叫"动车"（motor car，简记为 M），不带动力的车辆叫"拖车"（trailer car，简记为 T）。动车和拖车按照一定的规则共同组成的列车称为动车组。动车组的火车头改称"头车"。需要说明的是，动力分散型高速列车的头车不一定是动车，也可能是拖车。如一列"复兴号"CR400AF型高速列车，其 8 节编组中各车厢的顺序是 T1＋M2＋T3＋M4＋M5＋T6＋M7＋T8，每节车厢在编组中的位置是固定的。

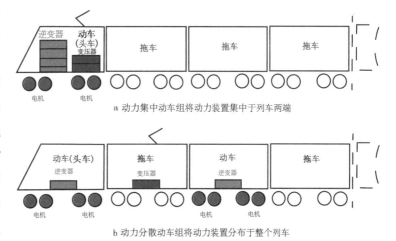

a 动力集中动车组将动力装置集中于列车两端

b 动力分散动车组将动力装置分布于整个列车

图 3.1　动力集中动车组与动力分散动车组

最早的火车靠蒸汽机作动力，一个火车头（蒸汽机车）拉几节车厢是不固定的，可以任意连挂一定数量的车厢，因此蒸汽机车牵引的列车并非动车组，但它采用的是动力集中的牵引方式。动车组可以分为两种不同的类型，即动力集中型和动力分散型（图3.1）。日本高铁一开始就采用动力分散方式，而法国和德国的早期高铁动车组，都采用动力集中方式。我国高速列车普遍采用动力分散、固定编组方式，即以若干动车和若干拖车固定编组而成，可两端操控、双向行驶。

【知识链接】高铁与动车

现在乘火车时人们常说"高铁比动车快"，其实这句话说得并不准确；说"G字头列车比D字头列车快"倒是对的。为什么？

"高铁"这里指的是"高铁列车"，而"动车"的全称是"动车组列车"。如上所述，"动车组"是个大概念，一方面，它是指把一定数量的动车和拖车，以固定的方式排列组合成的列车；另一方面，它还包括高速动车组（高铁）和低速动车组（地铁）。我国的高铁列车都是动车组列车，因此，说"高铁和动车有什么区别"，有点类似"白马和马有什么区别"，是有点说不通的。D字头和G字头仅仅表示了不同的列车速度等级。

短编组列车一般有4节至8节车厢，长编组列车可以有16节车厢。短编组列车可以独立运行，也可以两列车连挂成16节车厢（专业术语叫"重联"）。8节编组动车组列车中的动力分配可以是6动2拖（记为6M2T），也可以是4动4拖（4M4T）等。

"复兴号"中国标准动车组在这方面也有所创新：以动车组的动力分配为例，以前有6动2拖，也有4动4拖，"复兴号"统一为4动4拖，这样一来，不管是4节、8节，还是12、16节编组，都可以自由组合，只需满足动车和拖车一一对应。以前的动车组头车通常是动车，但运营中发现，列车

图 3.2 "复兴号"CR400AF 行驶在京沪高铁上 罗春晓摄

最前面的车轮最易打滑。"复兴号"将头车改为拖车，其 8 节编组中各车厢的顺序是 T1 + M2 + T3 + M4 + M5 + T6 + M7 + T8，这样做能减少空转，有利于保护轮轨。

在高铁技术进步过程中，法国和德国高铁长期采用动力集中方式，而日本高铁采用动力分散方式，双方在关键技术上互相竞争。20 世纪 60 年代日本的动力分散方式一枝独秀，20 世纪 80 年代法国的 TGV 的动力集中方式占据了优势地位，在 20 世纪 90 年代两者并驾齐驱。这时，中国的铁路主管部门做出了一个正确决策：中国重点发展动力分散型高速动车组。

我国经济管理界有个"十六字"方针："以我为主，博采众长，融合提炼，自成一家。"这一方针中的"以我为主"，具有十分丰富的内涵，含义之一就是无论在自主研发或引进消化

53

过程中，一定要有"主心骨"。中国在自主研发高铁列车技术之初，就明确了自己的技术路线（重点研发动力分散型高速动车组），引进时坚持"为我所用"（只接受动力分散方案），充分体现了"以我为主"。

【知识链接】动力集中与动力分散方式的比较

在高铁发展历程中，动力集中方式与动力分散方式在竞争中显示了各自的特点。动力集中方式为大家所熟知，列车靠火车头（机车）拉动是普通铁路的常例（其特例是前面一节火车头拉、后面一节火车头顶），这就是动力集中方式。可见，"火车头"是动力集中方式的关键词。它的优点主要有两条：第一个优点是动力装置少，维护工作量少，因此成本相对低廉。例如，动力集中方式的"欧洲之星"高铁列车为20辆编组，列车两头各有一台动车，中间为18辆拖车，牵引总功率为12 200千瓦，但它使用的牵引电机却只有12台；而采用动力分散方式的日本0系列车，16辆编组的牵引总功率为11 840千瓦，与"欧洲之星"接近，但要使用64台牵引电机。这一优点在直流传动（采用直流电机作为牵引电机）年代很有意义，因为直流电机的维修工作量大；但随着传动技术进步，在采用交流电机作为牵引电机后，这一优势就不那么明显了。动力集中方式的第二个优点，是乘客在车厢里由于没有动力装置所引起的振动和噪声，因此比较舒适。

动力集中的缺点是机车的轴重（列车通过轮轴和轮对传递给钢轨的作用力）大。由于牵引电机集中在机车上，机车下部的车轴要承担更大的重量，因而运行时对轨道的作用力和冲击力更大，也要求钢轨具有更大的强度与刚度，这样造价就会增加。

动力分散方式的优点主要有两项：第一，轴重比动力集中型小而且分散，因此可以降低对轨道的强度和刚度要求，还可以增加载客量。例如，动力集中方式的法国TGV-A的轴重均为 17 吨，德国 ICE1 的轴重高达 19.5 吨；而采用动力分散方式的日本 300 系的轴重仅为 11.4 吨、500 系的轴重为 11.1 吨。第二，动车组编组相对灵活，在终到站也不需要调换头车方向。经过几轮博弈，高速动车组的动力集中方式渐渐转向动力分散型。

二、中国高铁列车技术创新三部曲之一：独立研发 "先锋号""中华之星"

"独立研发—引进消化—自主创新"是中国高铁技术的创新三部曲。若以其载运工具（高速列车）的创新成果作为标志，这三个阶段分别是："中华之星""先锋号"—"和谐号"—"复兴号"。

在 2004 年大规模引进国外高铁动车组之前，中国就已经有了独立研制高速列车的经验。中国的机车车辆企业对高速动车组的各类技术进行了独立研发，这期间所形成和积累的技术能力为后来的消化吸收外来制造技术和自主创新奠定了坚实基础。

为了配合既有线的提速改造、秦沈客运专线的建设和京沪高铁的前期研究，中国的机车车辆企业在轮轨式动车组的技术系统上进行了多方面的自主研发。研制的产品种类涵盖了多个方面，种类丰富，技术探索面广。依据动力类型有电力动车组和内燃动车组两类；依据动力分布有动力分散型和动力集中型两类；依据传动方式有液力传动、交—直流电传动和交—直—交电传动三类；依据速度等级有时速 200 公里以下和 200 公里以上两类。

在独立研发阶段，几乎所有车型都由中国车辆企业自主研发并完成系统集成，虽然在关键技术上的自主化程度有差异，关键部件仍需要从国外厂家采购，但相关企业形成并积累的研发能力和技术经验，为后来的引进消化吸收和自主创新做了充分准备。

在中国高速铁路的技术积累时期，中国的机车车辆制造

企业自主研发生产的动车组型号达 20 种以上，主要有"九江号""北亚号""晋龙号""北海号""庐山号""新曙光号""神州号""金轮号""普天号""大白鲨号""蓝箭号""中华之星""春城号""先锋号""中原之星号""长白山号"等。动车组的总体设计工作主要由独立厂家负责或由几家工厂联合主持。

早期研制的内燃动车组采用液力传动，随着技术进步逐步采用交—直流电力传动，研制的动车组时速大多在 200 公里以下。但电力动车组的研制进展迅速，自主研制成功 5 种动力分散和动力集中型的动车组列车（"先锋号""长白山号""大白鲨号""蓝箭号"和"中华之星"）时速达到 200 公里以上。其中重点对交流电力传动系统、列车网络控制系统、高速转向架、铝合金车体、复合制动、列车可靠性和舒适性等方面的关键技术进行了研究和探索，因此企业的动车组总体设计和生产制造能力得到了全面提升。

20 世纪 90 年代的 10 年间，当时的中华人民共和国国家计划委员会（以下简称"国家计委"）、中华人民共和国国家科学技术委员会（以下简称"国家科委"）、铁道部一共确立了 300 个高铁研究课题，在独立研发过程中，培养和涌现出了近千名技术骨干。他们跟踪世界高铁先进技术，开展国产化研究，并通过广深准高速铁路、秦沈客运专线以及既有线 6 次大提速等技术实践，积累了研制、设计高速列车的宝贵经验。这一阶段的科研攻关培养了我国在高速列车理论研究、列车设计、制造、检验、试验等各方面的技术骨干人才；在技术层面，掌握了核心技术，为交流传动牵引系统、微机控制制动系统、高速齿轮箱、铝合金车体、密接车钩、空气弹簧等关键部件的产业化奠定了基础。

"先锋号"是国内首列动力分散型高铁动车组（图 3.3），被当年国家计委列为"九五计划"的重点科技关注项目。2000年由浦镇车辆工厂、长春客车厂、大同机车车辆厂、永济电机厂以及铁道科学研究院、上海铁道大学等联合研制。"先锋号"

虽然跟踪的是日本新干线 300 系技术，但完全是独立研制而成，未有任何技术转让。IGBT 牵引逆变器使用了日本的产品，并采用无摇枕转向架，轴重 15 吨；列车为 6 节编组，每 3 节车厢组成一个单元，2 辆动车加 1 辆拖车，最高运营时速可达 200 公里。"先锋号"在 2000 年完成组装并通过了铁道部验收，2001 年 5 月出厂。2001 年 10 月 26 日至 11 月 16 日在广深线进行试验，创造了当时中国国内最高运营试验速度 249.6 公里 / 小时。2002 年 9 月 10 日，在秦沈客运专线上进行测试，"先锋号"又跑出最高时速 292 公里的好成绩。

由株洲电力机车厂、大同机车车辆厂、长春客车厂、青岛四方机车车辆厂和株洲电力机车研究所、铁道科学研究院共同研制的"中华之星"高速列车（图 3.4），其核心技术装备由我国自行研制。"中华之星"在几大核心技术——交流传动系统、高速制动系统、高速转向架等领域都有所突破，还自主研发了列车的网络控制系统、基于空气动力学特性的流线型头车和轻量化车体。在独立研制过程中，很多企业积累了动车组总体设

图 3.3 "先锋号"高速列车

计、系统集成和生产制造的能力。

2002 年 11 月 27 日，在秦沈客运专线上，"中华之星"的最高试验速度达到了 321.5 公里 / 小时，创造了当时的中国铁路第一速。

图 3.4 "中华之星"高速列车

独立研制"中华之星""先锋号"的历史功绩主要是通过科研攻关实现了多种高速列车关键技术的突破，造就了大批技术骨干，客观上为高铁先进制造技术的引进、消化、吸收、再创新做了准备（表 3.1）。

表 3.1 高速列车技术独立研发阶段所研究的关键技术

动力集中高速列车关键技术	动力分散高速列车关键技术
牵引系统交流传动技术	交—直—交电传动系统
微机控制直通制动系统	动力分散动车组微机控制制动系统
车载微机及网络技术	车载计算机控制系统
多方案研究及比较	动力分散型列车总体设计技术
高速列车轮轨动力学及转向架技术	
高速列车轻量化车体研究	
高速列车空气动力学研究及外形设计	
高速列车总体技术条件及规范	
高速列车综合实验技术	

三、中国高铁列车技术创新三部曲之二：打造中国品牌"和谐号"

放眼世界，除日、法、德等高铁技术的原创国家外，引进高铁先进技术装备的国家和地区主要有4个：中国、西班牙、韩国以及中国台湾地区。首先，让我们对这4个案例进行一番比较。

西班牙的高铁技术开始采用的是法国 TGV 技术，西班牙是法国 TGV 技术输出的第一个国家；后来又引进了德国 ICE 的技术，后期西班牙又研制了 Talgo250、Talgo350 等高速列车。其高铁列车 AVE 在 1992 年投入运营，最高运营时速达300 公里，高速线路总长有 2 938 公里，制造商为阿尔斯通、西门子、塔尔高等公司（Talgo）等，引进消化吸收后其高铁技术装备已能少量出口。

韩国也引进了法国的高铁技术，其高铁列车 KTX 于 2004 年投入使用，最高运营时速达 300 公里，首尔至釜山线路总长417.5 公里。主要制造商为阿尔斯通公司，引进后消化吸收再创新形成了自己的品牌，现在已能出口高铁技术装备。

中国台湾地区高速铁路，原来确定采用法德技术建造和运营，但由于德国 ICE 发生重大事故，台湾高铁最后抛弃了法德组合，选择了日本新干线技术。其高铁列车"THSR"于2007 年投入使用，最高时速为 300 公里，高速线路总长 345 公里，制造商为川崎重工。由于日方并未进行技术转让，因此出现问题后需依靠日方或第三方机构的调解和帮助。

在吸取境外引进高铁技术的经验和教训基础上，中国走出了一条新颖独特的中外合作之路——"以我为主，博采众长，融合提炼，自成一家"。中国引进了加拿大庞巴迪、日本川崎重工、法国阿尔斯通、德国西门子的高铁列车制造技术后，进行消化吸收，最后对引进的平台进行全面自主创新，直至研究

成功时速 350 公里的中国标准动车组——"复兴号"。

2004 年，我国制订《中长期铁路网规划》，绘就了里程超过 1.2 万公里 "四纵四横" 快速客运专线网。2004 年 6 月，铁道部为满足中国铁路第六次大提速所需，展开了时速 200 公里级别的第一轮高速动车组制造技术的引进招标工作。以此为起点，中国开启了高铁动车组的引进、消化、吸收再创新之门。

根据国务院确定的方针 "引进先进技术，联合设计生产，打造中国品牌"，这一阶段的技术成果就是 "和谐号"，英文标志为 "CRH"（China railways high-speed，即 "中国铁路高速" 的缩写），作为中国建立的高速铁路系统的品牌名称。

图 3.5　行驶在成灌高铁线上的 CRH1 列车　罗春晓摄

在 2004 年第一轮招投标中，中外合资企业青岛四方—庞巴迪—鲍尔铁路运输设备有限公司（BST）是第一批中标厂商之一，获得了 20 列高铁列车的订单。2005 年 5 月，广深铁路股份有限公司又向 BST 另外订购 20 列时速 200 公里级别动车组，以满足广深铁路第四线于 2008 年开通后的运营需求。BST 生产的这 40 列时速 200 公里级别动车组最终被定型为 CRH1A。

这里有必要对 "和谐号" 型号所代表的含义作个说明。

图3.6　合武铁路线上的CRH2

CRH表示在引进的平台上打造的中国品牌"中国高速铁路"。数字1、2、3、5代表生产厂家："1"代表青岛四方—庞巴迪—鲍尔铁路运输设备有限公司（BST）；"2"代表中国南车四方机车车辆公司（南车四方）；"3"代表中国北车唐山轨道客车公司（北车唐山公司）；"5"代表长春轨道客车股份有限公司（北车长客）。数字后面的字母则代表速度等级和编组形式："A"代表时速200～250公里、8辆编组；"B"代表时速200～250公里、16辆编组；"C"代表时速300～350公里、8辆编组；"E"代表时速200～250公里、16辆编组的卧铺动车组。应该说明的是，CRH1A、CRH2A、CRH5A是同一批引进的时速200公里动车组，较早开始生产；CRH3C是第二批引进的时速300公里动车组，投入生产较晚；CRH380是CRH系列中创新含量最高的动车组，投产最晚，型号所代表的含义也与前两批不同。

2005年，南车四方从日本引进了时速200公里的高速动车组，命名为CRH2。第一批CRH2型电动车组为60列，其原型车为日本新干线E2系1000型列车。2006年9月28日，时速200公里国产CRH2型"和谐号"动车组（图3.6）在南

车四方下线，最高运营时速为 250 公里，应用于提速改造后的既有线路。2007 年 11 月 24 日，时速 300 公里国产 CRH2C 型"和谐号"动车组在南车四方下线。按照合同，获订单的外国公司需把若干关键技术转让给中国公司。不过，日方并没有把车辆的控制软件和源代码技术转让给中国，倘若软件出现问题，仍需由日本技术人员解决或由中国技术人员自主创新。

CRH3 列车（图 3.7）的原型车为德国铁路 ICE-3 列车的"Velaro 号"，中国以引进西门子公司先进制造技术并加以消化吸收的方式，由北车唐山公司在国内生产。2005 年 11 月，西门子获得 60 列时速 300 公里的高速列车订单，总值 6.69 亿欧元，最终被定型为 CRH3C。

CRH5 型高速动车组，是北车长客引进法国阿尔斯通的制

图 3.7 CRH3"和谐号"高速动车组 原瑞伦摄

造技术，并由北车长客负责国内生产。CRH5型动车组为8节编组，最高运营速度250公里/小时（图3.8）。

在2004年8月进行的第一轮高铁技术引进招标中，法国阿尔斯通是中标厂商之一，获得了60组高速列车的订单。2004年10月10日，铁道部和阿尔斯通正式签订总值6.2亿欧元的合同。根据合同，阿尔斯通将7项高速列车的制造技术转移给中国，这批高速列车就是CRH5。动车组每列8辆编组，5辆动车加3辆拖车（5M3T），设计运营速度为250公里/小时。列车可通过两组联挂方式增至16辆。

CRH5A动车组于2007年4月18日起在京哈线上投入运营。CRH5型动车组由于外商制造的原型车运抵中国后，在试验中就发现了不少原设计制造中的问题，下线时间较晚，整体试运行时间不足，一些潜在问题没有能够在试验中解决，所以CRH5A型动车组在2007年4月起正式运营初期，其制动系统、空调系统以及列车自动门的故障率要比CRH1及CRH2高；然而在耐寒性能方面，CRH5则比CRH1及CRH2优越，

图3.8 行驶在京沪线上的CRH5型动车组

整个系统都比较耐高寒，因此大多被安排在我国东北地区运行。

在引进高铁列车制造技术后，我国铁路的客运能力和旅客出行质量显著提高，装备制造企业的生产能力、水平和质量控制有了质的飞跃，并形成了国产化能力和产业化结构，对高速列车的标准、技术和维修保养也有了比较深入的了解。但这一阶段仍存在一些问题：如核心技术由外商控制，往往受制于人；不同平台动车组有20余种型号，车型太多，其技术平台和标准体系不一；对动车组的技术发展缺少完善的顶层设计。

2008年2月，科技部与铁道部共同签署了《中国高速列

图 3.9 CRH380A 行驶在嘉桐特大桥上 罗春晓摄

车自主创新联合行动计划》，其目标是设计制造最高运营速度为 380 公里 / 小时的新一代高速列车。这一最高运营时速比当时的欧洲高速列车快 60 公里，比日本新干线列车快 80 公里。新型列车的流线型头车将重新设计，其节能、环保和乘坐舒适性都要提高到一个新水平。

经过两年多共同努力，南车四方股份、北车长客股份和唐山轨道客车公司以及青岛四方庞巴迪（BST）在 2010 年分别设计制造出了最高时速 380 公里的国产"和谐号"CRH380 新一代高速列车。2010 年 5 月在上海世博会上展出的就是南车四方股份研制的 CRH380A 的样车。CRH380 型高速动车组（图 3.9）对原有的 CRH2、CRH3 平台在列车性能、乘用环境、速度等级等方面均做了大量改进和创新，外形也有了较大变化，代表了我国"和谐号"高速动车组的最高水平。

2010 年 12 月 3 日，在即将投入运营的京沪高速铁路枣庄至蚌埠试验段上，CRH380A 高速动车组创造了 486.1 公里 / 小时的运营列车试验最高速度。

CRH380 的型号表达与之前的"和谐号"也有所不同：数字"380"后面的英文字母表示不同的技术平台（按首列车的交付时间排序）："A"表示由南车四方股份公司制造；"B"表示由北车长客股份公司与唐山轨道客车公司制造（铁道科学研究院提供牵引系统）；"C"表示该系列由北车长客股份制造（新头型及永济电机公司提供牵引系统）；"D"表示由青岛四方庞巴迪（BST）制造。在 A、B、C、D 之后如果不加英文字母表示列车为 8 辆短编组；再加上"L"则表示列车为 16 辆长编组（重联）。

四、中国高铁列车技术创新三部曲之三：正向设计的"复兴号"

中国铁路在 2017 年 9 月实施新列车运行图，7 对"复兴

号"动车组列车在京沪高铁率先以 350 公里的时速运营，京沪两地间运行时间压缩至 4.5 小时，中国已成为世界上高速铁路商业运营速度最高的国家。安全快捷、平稳舒适的"复兴号"动车组受到了广大旅客的青睐。

那么，"复兴号"的最高商业运营速度 350 公里 / 小时，与法国创造的最高试验速度 574.8 公里 / 小时，以及与旅客关系最密切的旅行速度之间有哪些区别呢？

【知识链接】列车的 4 种速度

高速列车速度主要有试验列车最高试验速度、运营列车最高试验速度、最高运营速度和旅行速度 4 种。

试验列车最高试验速度是指试验列车性能发挥到极限时所能达到的速度。它是在理想条件下进行的，如将车轮直径增大、提高牵引供电电压、选择最平直的一段线路进行试验等，可见其试验环境与商业运营环境大不相同。试验列车最高试验速度是实际商业运营中无法实现的速度。

运营列车最高试验速度是指在即将投入运营的高速铁路和高速列车上实现的最高试验速度。如我国的 CRH380AL 在京沪高速铁路上创造的运营列车最高试验速度为 486.1 公里 / 小时。

最高运营速度是指列车在实际运营中允许长时间运行的最高速度。最高运营速度既反映了列车本身的性能水平，也是一条铁路综合技术水平的总体性指标，并以此来区分究竟是高速铁路、高速列车，还是普通铁路、普通列车。

旅行速度，顾名思义它与出行旅客的关系最密切，也最有实际意义。"旅行速度"是可以根据列车运行时刻表计算出来的速度，即距离除以列车总在途时间（包括列车中途停站时间）。在"龟兔赛跑"故事里，虽然兔子的"最高运营速度"比乌龟快，但是它"停站"时间长，因此乌龟的"旅行速度"比兔子快，结果还是乌龟先到达终点。

从 2012 年起，由中国铁路总公司（原铁道部）主导，集合国内有关企业、科研院所及高校，开展时速 350 公里中国标准动车组的研制工作，先后完成了制定总体技术条件、方案设计、整车型式试验、科学实验、样车下线、空载运行、模拟荷载试验等任务，直至 2017 年 1 月 3 日获得国家铁路局颁发的型号合格证和制造许可证，随后正式投入商业运营。我国用 5 年时间实现了高速动车组由"中国制造"到"中国创造"的飞跃。其中"正向设计"和"中国标准"是"复兴号"的两大亮点。

【知识链接】正向设计与反向设计

中国标准动车组是立足中国国情"量身定制"的"正向"设计。所谓"正向"是对应"逆向"而言的。"逆向"设计是模仿进口产品的设计，而"正向"设计则是自主的、不受他人制约的设计。中国标准动车组的研制，不但摆脱了核心技术受制于人的局面，同时还实现了产品的简统化（进行简单和统一的控制以避免纷繁复杂）及其零部件的标准化，可大幅度降低运用和维修成本。

什么是"反向设计"？通俗地说，反向设计就是"反其道而行之"的设计。假定我们并没有进口产品的原始设计资料和图纸，就只能按照我们所设想的计算公式和方法，自己来设计该产品；当然结果研制出的产品很可能与进口产品有不小的差距，但经过反复比较和试验，不断修正原来的计算公式和方法，直到设计出的产品与进口产品十分接近了，就可以认为这时的计算公式和方法是靠得住的。反向设计的方法，有点类似数学上的"迭代法"（数学上多数方程不存在求根公式，因此求精确根非常困难，用迭代法可以找到方程的近似根）。当人们不掌握核心技术和源代码时，可以采取反向设计的方法，来破译一些技术机密，但它只停留在创新的初级阶段。

具有自主知识产权、达到世界先进水平的中国标准动车组列车"蓝海豚"（中车四方股份研制）和"金凤凰"（中车长春轨道客车研制）在 2017 年 6 月 25 日被命名为"复兴号"。

"中国标准动车组"可以有两种读法：一是"中国标准"动车组。因为"复兴号"中国标准动车组构建了体系完整、结构合理、先进科学的高速动车组技术标准体系，在所采用的254 项重要标准中，中国标准（包括中国国家标准、行业标准和中国铁路总公司企业标准）占到了 84%。早在 2016 年 9 月北京召开的第 39 届国际标准化组织大会上，具有自主知识产权的"中国标准动车组"就引人瞩目。中国幅员辽阔、地形复杂、气候多变，适应各种地质条件与气候条件的"中国标准"正逐渐与"欧标""日标"一样，受到别国的青睐。例如，肯尼亚的蒙内铁路已于 2017 年 5 月 31 日开通运营，这是采用"中国标准"的国际干线铁路，由中国路桥集团提供全方位的运营维护服务；建设中的印尼雅加达至万隆的雅万高铁则采用了中国高铁标准。

"中国标准动车组"还可以理解为"中国的"标准动车组。"和谐号"高速列车各车型的技术平台不同，虽然已充分考虑到我国列车的技术特点，但毕竟不是完全自主创新的产品。它们的技术平台来自引进方，标准不统一，不仅司机的操作台不同，连车厢里的定员座位都不一样，无法相互替代。一旦某列车出现故障，需要组织乘客换乘，临时调来的列车很可能"挂不上""缺座位"；而中国标准动车组实现了车辆统一、可互相替代，具备互操作功能，11 个系统的 96 个关键部件都是通用的。过去由于车型标准不统一，每种车辆都需要有备用车应急，动车组检修部门要把各种车型的零部件全部备齐；高铁司机也要学习各种车型的驾驶技术。中国标准动车组的"标准"二字，意味着今后所有高铁列车，只要是相同速度等级的车辆，都能连挂运营、互联互通。不管是哪个工厂的产

图 3.10　2016 年 7 月 15 日，中国标准动车组成功实现了 420 公里 / 小时交会和重联运行　罗春晓摄

品，都能连挂运营和相互替代，不同速度等级的列车也能相互救援。中国标准动车组的"中国"意味着我国的高铁已从当初的"联合设计生产"升华到从内到外的"纯中国研制"。

2016 年 7 月 15 日，两列标准动车组"蓝海豚"和"金凤凰"在郑（州）徐（州）高铁上分别以 420 公里的时速交会和重联运行，成功完成世界最高速度的动车组交会试验，验证了"复兴号"整体技术性能十分可靠（图 3.10）。

对高速列车来说，高速度必须与高安全相统一，两者相辅相成。"复兴号"列车设置了智能化感知系统，全车有 2 500 余个传感器，能够对走行部的转向架状态、轴承温度、制动系统状态、车内环境等进行全方位实时监测。在出现故障时，依据"故障导向安全"铁律，完备的监控系统会发出预警并及时做出反应，列车将自动减速甚至自动停车。"复兴号"还增设了头车的碰撞吸能装置，这种装置能在遇到极端情况时发挥缓冲保护作用。

　　凭借新技术的应用，"复兴号"的耐压等级和整体寿命也有所提高。中国地域广阔，温差高达 40℃，为适应长距离、高强度等运行需要，"复兴号"在各种工况条件下进行了 60 万公里的运用考核（欧洲标准为 40 万公里）。

　　从乘客体验的角度看，"复兴号"列车的设计更具人性化。车体高度从 3.70 米增高到了 4.05 米。同时，旅客设施得到了改善，座椅前后间隙变宽，增大了腿部的活动空间；在座椅调节方面，其倾斜角度不大于 30°，最大程度避免影响后座乘客的活动。全趟列车的垃圾桶都安装了臭氧处理器，可以除臭，以保证列车车厢内的空气质量；在列车的水盆下方安装有温度调节器，为旅客提供温水。洗手间增加了残疾人轮椅固定带，车内采用 LED 照明，光线更加柔和（有三种模式可调）。席位指示已改为电子显示：席位号提示灯显示为红色时，表示席位已占用；黄色代表已经预售，下个区间将会有乘客；绿色代表车票还未售出。为了让乘客随手放置的东西更平稳，窗台采用了防滑材料。车厢内还实现了 Wi-Fi 网络全覆盖。

　　研制中国标准动车组意义重大：一是创立了我国动车组持续创新的新技术平台；二是形成了适应我国国情的动车组技术标准体系；三是我国拥有了高速列车自主知识产权；四是培养出了世界一流的"产、学、研、用"相融合的创新团队，从而为我国高速列车技术的持续创新提供智力支持。

　　2008 年，我国还处在进入高铁时代的起跑线上；十年来，通过自主创新，攻坚克难，有效破解核心关键技术，如今正向设计、具有自主知识产权的中国标准动车组列车"复兴号"以 350 公里 / 小时的最高商业运营速度领跑世界，开启了中国铁路新时代。对世界而言，中国标准高速动车组将充分发挥其在推进"一带一路"建设中的先导和支撑作用。

【知识链接】高速列车的核心技术

　　"复兴号" 420 公里 / 小时的交会试验考验了高铁列车在运营

条件下究竟能达到多快的速度，进一步验证了"复兴号"整体技术性能，特别是首次实现了动车组牵引、制动、网络控制系统的全面自主化，标志着我国已全面掌握高速铁路的核心技术。

牵引传动系统的功能是把电网输送来的电能转换成机械能并传递到车轮，从而驱动列车前进。它类似人类的"心脏"，能给生命体注入活力。高速列车对牵引传动系统的要求是很高的，就像运动员都需要有颗强健的心脏一样。世界铁路人经过十多年的努力，才研制成功先进的交流牵引传动技术，替代了原来的直流传动系统。交流牵引传动系统包括牵引电机、牵引变压器、牵引变流器和牵引控制系统，是高铁的核心技术之一。

制动系统如同汽车的刹车。高速列车不仅要"跑得快"，而且要"停得稳"。读者可能不清楚，高速列车紧急刹车时还会继续跑多远？这个数字（称为"紧急制动距离"）大得惊人。研究表明：当列车速度为 120 公里/小时紧急刹车，其紧急制动距离为 800 米；当列车速度为 160 公里/小时紧急刹车，其紧急制动距离为 1 400 米；当列车速度为 300 公里/小时紧急刹车，其紧急制动距离为 6.5 公里；当列车速度为 350 公里/小时紧急刹车，其紧急制动距离长达 9.5 公里！制动系统是高速列车中性命攸关的技术系统，要求它必须满足制动能力、可靠性、舒适性三方面的技术指标。不言而喻，制动系统是高铁的核心技术之一。

列车网络控制系统相当于整个动车组的"大脑"，因为它要把列车上的牵引传动系统、制动系统以及辅助系统（如空调、车门）等集成为一个车载的网络，以此对整个列车进行监视和诊断，实现对全列车的控制功能。毫无疑问，它也是高铁的核心技术。

列车要达到高速是靠很多系统来共同完成的。因此，除了高速列车这三大核心技术之外，还需把线路工程技术（提供高铁列车行驶的轨道、桥梁、隧道等）、牵引供电技术（为高铁列车连续供电）以及信号与控制技术（保证列车安全运行）

等，成功地"组装"在一起，进行系统集成。可见，不光是列车本身要按照一定速度等级去设计，还要有相应的线路、供电以及信号控制系统的配合才能实现高速运行。

避开铁路的术语，我们可以这样来理解：从空间上，把高铁自上而下分为三个部分。

列车的上方是弓网系统。最快的绿皮火车每小时跑100公里，要保证连续供电并不难，但高铁时速350公里，在这样高速运行的情况下，如何保证接触网和受电弓之间"亲密接触"，无论加速、减速，上坡、下坡，前进、后退都能不离不弃、稳定供电，就不是一件容易的事了。

列车的下方是轨道子系统，处理好轮轨关系，才能保证高速列车运行既快速又平稳。中国高铁的无砟轨道在前期引进的基础上有了新的发展，CRTS Ⅲ型板式无砟轨道就是一项创新。实际上，我国高铁线路工程方面的专利数在整个高铁专利总量中占比最高。

上有供电网稳定供电，下有坚实的路基钢轨、桥梁隧道，加上有可靠的信号系统保障安全，先进的高速动车组就能义无反顾地向前飞奔了。

五、中国高铁技术创新的"否定之否定"

否定之否定规律是自然界、社会和思维发展的普遍规律，是唯物辩证法的基本规律之一。它揭示事物由于内部矛盾所引起的发展是螺旋式、波浪式前进上升的过程。事物发展由肯定到否定，再由否定到否定之否定，形成一个周期。否定之否定阶段的特征是："重新达到了原来的出发点，但这是在更高阶段上达到的。"

回顾1996年3月，第八届全国人大四次会议进行表决，通过了《国民经济和社会发展"九五计划"和2010年远景目标纲要》，明确指出"下世纪的前十年，着手建设京沪高速铁路，形成大客运量的现代化运输通道"。至今，中国高铁技术经过"独立研发—中外合作—自主创新"三个阶段，作为高铁技术标志的高速载运工具经历了由"先锋号""中华之星"至"和谐号"再到"复兴号"的光辉历程，中国高铁技术的创新为否定之否定规律提供了一个鲜活的样本。

在独立研发阶段，当时的国家计委、国家科委、铁道部一共列了 300 个研究课题，近千名技术骨干在实践中快速成长起来。中国独立研发的高铁列车取得了一系列重要成果，还有过比较成功的试运行，其突出代表就是高速动车组"先锋号"和"中华之星"。可惜的是，它们在通过国家验收并且限速试运营之后，"开进"了北京铁道博物馆。

在中外合作阶段，2004 年 4 月，国务院明确了"引进先进技术，联合设计生产，打造中国品牌"的基本方针。这一引进消化吸收再创新过程很成功，是中外合作的一个重要环节，这一阶段的成果就是"和谐号"，它为后续高速列车的全面自主创新和正向设计作了准备。

在自主创新阶段，中国标准动车组"复兴号"的横空出世，标志着中国高铁动车组技术进入了自主创新、标准化、系列化的新阶段。

现在回想，如果没有当年的独立研发打下技术基础和做好人才准备，就不可能有后来的全面自主创新，还可能出现高铁技术的选择错误。中国发展高铁的"以我为主""自成一家"，其标志就是时速 350 公里的中国标准动车组"复兴号"奔驰在祖国广袤的大地上。

中国拥有世界上运营里程最长、商业运营速度最快的高速铁路网。高铁技术的原创国主要是日本、法国和德国，后来从这些原创国家引进高铁技术的国家和地区除了中国之外，还有西班牙、意大利、韩国以及我国台湾地区等，而最后赶上"老师"、有些领域还超过"老师"的，只有中国。为什么？

中国在学习国外先进高速列车技术之前，和其他引进高铁

技术的国家、地区相比,"学生"已经"预习"好了功课;而且中国的铁路技术通过半个多世纪的发展,已建成了广深准高速、秦沈客运专线,还实现了既有线6次大提速,完成了引进高铁先进制造技术所必需的技术储备和人才积累。在20世纪90年代,我国铁路部门已经开始了高铁的独立研发。当时国家计委、国家科委和铁道部的300个研究课题,涉及土木建筑、机车车辆、通信信号以及运输组织等多个领域,通过研究这些课题,产生了一大批有价值的研究成果,培养出近千名顶级的高铁骨干人才,其中有很多人后来都参与了与日本、法国、德国和加拿大公司的谈判和合作。

中国高铁崛起背后,有太多故事,既体现了中国人的智慧,也体现了中国独特的制度优势。这才是创造高铁奇迹的关键所在。

六、中国高铁的特点和优势

中国高铁在短时间内快速发展,不仅运营里程不断增加,而且高速铁路的建设和高速列车的制造都达到了世界先进水平,并开始拥有自己的高铁标准。那么,中国的高铁技术有哪些独特的优势呢?这里不去分析众多的专业指标,只说容易被理解的三个方面。

第一,中国高铁的运营里程最长,截至2017年底为2.5万公里,约占世界高铁总长的2/3;我国高铁已累计运送70亿人次,我们的"分母"(运营里程加客运量)很大,足见我国高铁的安全性、可靠性指标已居世界前列。

第二,运营速度是高铁极为重要的综合集成指标。运营速度越快,技术含量就越高,这是一个简单的道理。目前,日本和法国高铁的最高时速是320公里、西班牙是310公里、德国和意大利是300公里,而中国高铁的最高商业运营速度已经达到350公里,中国标准动车组还成功实现了世界首次以420公

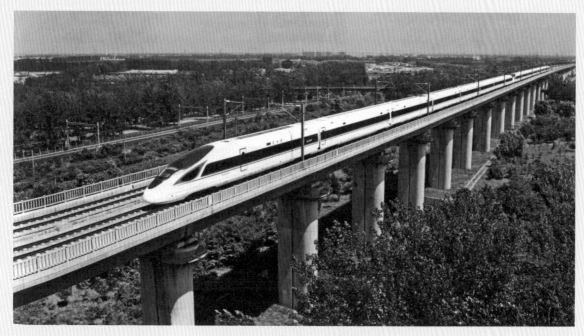

图 3.11 "复兴号" 罗春晓摄

里 / 小时的速度交会的试验。

第三，中国高铁技术的适应性全球第一。中国高铁具有多种速度等级，不仅有经提速改造后的既有线，又有新建的高铁线，能满足多元化的客运需求。能适应各种气候条件和地质状况：既有热带的海南环岛高铁，又有东北严寒的哈大高铁；既有穿越温润潮湿的东部沿海高铁，又有穿越茫茫戈壁的兰新高铁；既有建设在湿陷性黄土区的郑（州）西（安）高铁，又有穿越秦岭的成（都）西（安）高铁。

因为中国幅员辽阔，在寒带如东北地区，在亚热带如海南，在喀斯特地貌的西南，在黄土高原乃至沙漠以及长三角这样的软土地区，中国都有成功建设和运营高铁的技术与经验。所以，中国的高铁既可以南下东南亚，也可以北上俄罗斯。其他国家还不具备这个条件，也没有这方面的经验，这是中国的"大国优势"促进技术创新的生动案例。

从 20 世纪 90 年代起，经历了 20 多年技术上的攻坚克

难，中国掌握了高速铁路建设及其装备制造的核心技术，从正向设计出发研制出具有自主知识产权的标准化动车组列车。但未来的高铁装备发展拼的是源源不断的原始创新能力，在智能化、新能源和新材料的技术浪潮中必将对未来高铁装备产品的持续更迭和设计制造带来新的挑战。

当前，世界各国高速列车技术和新型列车不断涌现，例如德国第四代 Velaro-D 高速列车、ICE4 型高速列车，法国采用永磁电机牵引的动力分散新型高速列车 AGV，以及日本新干线的 E5、E6 高速列车。我国新一代智能化高铁列车正在加紧研制，并将在 2019 年开通的京张高铁投入运营。我们必须在高铁技术方面不断创新，才能保证中国持续处于第一方阵不落伍，并达到技术领先的更高目标。

第四章

融合发展战略

我国民主革命的伟大先行者孙中山先生在考察世界强国的经济和交通后得出一个结论："交通乃实业之母，铁道又为交通之母""铁路常为国家兴盛之先驱，人民幸福之源泉，国家统一之保障"。孙中山先生在 1912 年辞去临时大总统后，旋即担任"全国铁路督办"，后又被推举为"中华民国铁道协会"会长，提出"振兴中国经济首先要从修铁路入手"，并发出要在中国建设 10 万英里（约合 16 万公里）铁路的号召。

历史的车轮滚滚向前，弹指一挥间，已过去一百多年。2017 年 10 月，党的十九大提出了要建设"交通强国"的奋斗目标。为了实现这一目标，必须认真研究交通发展战略。

各种交通运输方式之间既互相竞争，又互相补充，共同构成一个综合交通运输体系。交通运输体系是社会经济的关键基础设施，是国民经济的先行部门，是国土开发、形成城市群的重要因素。交通运输体系对国家的政治统一和国防建设，对扩大贸易和人员往来都发挥着重要作用。

研究交通运输战略，应该立足于我国目前经济社会发展状况和资源环境等约束，遵循建设资源节约型和环境友好型社会的原则，并把握世界综合交通运输的发展趋势，提出创新的思路。

高速铁路是铁路的子系统，铁路又是综合交通运输系统的子系统，为了认识高速铁路及铁路与整个交通体系的关系，就必须研究综合交通运输系统的融合发展战略。

一、综合交通运输体系的结构

"倾国宜通体，谁来独赏眉。"这句中国古诗说得好，人们总是从整体上去感受倾国丽人的美好，有谁会去单独欣赏她的

眉毛呢？

系统论的基本思想是把研究和处理的对象看作一个整体来对待。系统论认为系统是由若干相互联系、相互作用、相互依赖的要素结合而成，具有一定的结构和功能，并处在一定环境下的有机整体。系统论的主要任务就是以系统为对象，从整体出发来研究系统整体和组成系统的各要素之间的关系，从本质上说明其结构、功能和行为，以把握系统整体，达到优化的目标。其任务不仅在于认识系统的特点和规律，更重要的还在于利用这些特点和规律去控制、管理、改造或创造一个系统，使它的存在与发展合乎人类的目的需要。也就是说，研究系统的目的在于调整系统结构，协调各要素关系，使系统达到优化目标。

交通运输系统作为复杂系统，需要把握好结构和系统功能的关系。为了充分发挥各种运输方式的优势，苏联在20世纪50年代初提出了"综合交通运输系统"这一新概念。当时我国学习苏联经验，在20世纪50年代建立了"综合运输研究所"。改革开放以来，我国逐渐形成了比较成熟的综合交通运输系统理论，并在国家"六五"至"十五"发展计划和发展战略中体现了综合交通运输系统的思想。对于"十一五"规划，中央在综合交通运输发展战略中提出了"加快发展铁路、城市轨道交通"的战略方针。

"十二五"时期，我国各种交通运输方式快速发展，综合交通运输体系不断完善，较好完成了"十二五"规划的目标任务，总体适应经济社会发展需要。交通运输部开始把加快综合交通运输体系深度融合、协同发展作为转型升级的重要举措。"十二五"期间，交通运输基础设施累计完成投资13.4万亿元，是"十一五"时期的1.6倍，高速铁路营业里程、高速公路通车里程、城市轨道交通运营里程、沿海港口万吨级及以上泊位数量均位居世界第一，天然气管网加快发展，交通运输基础设施网络初步形成。铁路、民航客运量年均增长率超过 10%，铁路客运动车组列车运量比重达到 46%，全球集装箱吞吐量排名前十位的港口我国占 7 席，快递业务量年均增长 50% 以上。

2017 年 2 月，国务院印发《"十三五"现代综合交通运输体系发展规划》，明确了"十三五"时期现代综合交通运输体系发展的指导思想、发展目标和主要任务。该规划提出，与"十三五"经济社会发展要求相比，综合交通运输发展水平仍然存在一定差距，主要是：网络布局不完善，跨区域通道、国际通道连通不足，中西部地区、贫困地区和城市群交通发展短板明显；综合交通枢纽建设相对滞后，城市内外交通衔接不畅，信息开放共享水平不高，一体化运输服务水平亟待提升，交通运输安全形势依然严峻；适应现代综合交通运输体系发展的体制机制尚不健全，铁路市场化、空域管理、油气管网运营体制、交通投融资等方面改革仍需深化。

图 4.1　动车段中的列车整装待发　罗春晓摄

该规划提出，到2020年，基本建成安全、便捷、高效、绿色的现代综合交通运输体系，部分地区和领域率先基本实现交通运输现代化，包括网络覆盖加密拓展、综合衔接一体高效、运输服务提质升级、智能技术广泛应用、绿色安全水平提升。

【知识链接】系统的功能与结构

系统功能来自结构。系统整体功能之所以大于要素之和（即通常说的"一加一大于二"），是因为接受了结构的馈赠。例如，手和脚的构成要素是相同的，即手指加手掌和脚趾加脚掌，可是二者的结构（即要素之间的排列组合方式以及比例关系）有很大差异：手的中指与手掌的长度差不多，可是脚趾与脚掌相比，长度差别很大；大拇指与食指之间的"豁口"可以大幅度往下拉，使大拇指有很大的活动空间，五个脚趾却是整齐排列在一条斜线上。就是因为两者的结构不同，使手和脚的功能大不相同：手十分灵活，被称为"万能双手"，而脚的主要功能是支撑人体重量以及走路、跑步两项。

现代化交通运输主要包括铁路、水路、公路、航空和管道五种运输方式。按照系统论观点，铁路、水路、公路、航空和管道是构成综合交通运输系统的五大要素，但要素优不等于系统优，还必须有合理、优化的结构。例如，由于并联是容错结构，即使某个零件失效，凡具有并联结构的系统仍然有效。可见，并联结构具有高可靠性。因此，如果系统出了问题，首先要从结构上去找原因。

二、高速交通 国之重器

任何一种载运工具，提高其运输能力都要从三方面着力：一是提高速度，二是提高密度，三是增加载重量。提高速度是首要的。高速交通是衡量一个国家经济发展水平和科技实力的重要标志之一，重视高速交通是世界交通运输发展的一大趋势。

各种运输方式有其适用的速度范围：公路运输的最优速度为 50 ～ 100 公里 / 小时，铁路运输为 100 ～ 350 公里 / 小时，航空运输为 500 ～ 1 000 公里 / 小时。

每一种交通运输方式都有其优势运输距离。所谓"优势运输距离"，就是指某种运输方式在途中所花费的总时间比其他交通方式都要少的距离范围。载运工具速度越快，附加时间越少，其优势距离范围就越大。以客运为例，设定旅客出行的附加时间高速公路为零（因为汽车可以实现"门到门"服务），高速铁路为 1.0 小时，航空为 2.5 小时（上飞机前 1.5 小时，下飞机后 1 小时）。旅客出行选择交通运输方式，除考虑时间节省（在优势运输距离范围内）外，还需综合考虑票价、舒适性、安全因素等。如果加上安全、舒适及票价等因素，高速铁路的吸引范围还将有所扩展，运营速度如果定为 350 公里 / 小时，上限也将在 1 000 公里以上，如图 4.2 所示。

高速交通系统包括航空、高速铁路、高速公路、高速水运

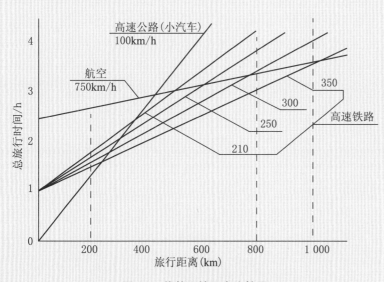

图 4.2　优势运输距离比较图

等高速交通方式。我国的高速交通，相对交通发达国家起步较晚，总体滞后 30 年左右；但改革开放 40 年来，特别是党的十八大以来，以中国标准高速动车组"复兴号"为代表的高速铁路技术实现了重大突破，在铁路高新技术领域从跟跑靓丽转身为并跑甚至领跑。截至 2017 年末，我国高速铁路运营里程达 2.5 万公里，约占全世界高铁总运营里程的 2/3，我国高铁列车的商业运营速度达 350 公里 / 小时，居世界首位。同样，截至 2017 年末，我国高速公路运营里程为 13.6 万公里，也居世界首位。我国民航 2017 年全年旅客运输量达 5.5 亿人次，全年正班客座率为 83.2%。

为把我国建成交通强国，高速交通建设必须加大力度：一是优化高速交通网络，其规模和布局要与国家社会经济发展相适应；二是高速交通的主体技术装备应达到世界先进水平。例如，应努力建成智能型高速铁路系统，同时大力提高既有线列车速度，客运列车达到 200 公里 / 小时以上。新建和改扩建民航机场，使占机场旅客吞吐量 90% 以上的 40 多个机场都能提供高水平的现代化服务，并建立完善先进的空中管理服务系统。

中国由于幅员辽阔，内陆深广，加上人口众多，且分布不均，这就决定了需要有一种强大的交通运输方式来加强不同区域之间的经济联系和人员往来。从能源来看，中国虽为世界第三能源大国，可人均能源拥有率很低，仅为世界平均水平的 1/10，且石油的对外依存度逐年提高，而石油作为不可再生能源，一旦供应中断，中国将陷入严重的能源危机。可见，中国发展资源节约型、环境友好型的大运量交通运输体系迫在眉睫。

对交通运输业的总要求是：安全、便捷、高效、绿色、经济。因此，发展高速铁路，对于资源有限、经济发展不平衡的中国来说，是一种最好的选择，也符合我国人均可耕地少的基本国情。

与其他运输方式相比，高铁的优势主要体现在技术经济指标好、节能环保、土地占用少以及安全可靠和乘坐舒适等方面。

1．技术经济优势

铁路是大能力的陆上交通工具。不论是货物运输还是旅客运输，铁路都拥有庞大的运输量。双线铁路年最大运输能力是四车道高速公路的 2～4 倍，四车道一级公路的 16 倍。内河水运除受河道宽度、水深、冰冻等天然条件限制外还受到船闸等人为因素的限制，通常运能不及铁路。航空运输只能承担旅客以及少量较轻货物的长途运输，运输能力特别是货物运输能力非常有限。铁路不仅在客货运输方面具有广泛的适应性，而且对于大宗货物、大规模客流更具有大批量、规模化的运输优势。近年来随着高速铁路和重载铁路的兴起，铁路运能大的优势越发明显。目前各国高速铁路几乎都能满足最小行车间隔 4 分钟的要求。

在各种运输方式中，高速铁路是全天候客货运输工具，基本不受恶劣气候条件影响，这是航空、公路及其他交通运输方式所不具备的。高速铁路时速达 250～350 公里，相对于民航客机时速 750 公里，虽然速度上不占优势，但乘坐飞机需要花费的非飞行时间大大超过高铁乘客的非行驶时间。《高速铁路主要技术经济问题研究》的相关资料显示，不同交通运输工具的准时性约为：高速铁路为 98%，长途汽车和飞机为 75%。

2．节能环保

张大为在论文《高速铁路催生低碳运输新变革》中提出：按单位运量计算，高速铁路与公路、航空的能耗比例为 1:3.82:8.77；且高铁列车利用可再生能源，如核电、太阳能等，不必消耗宝贵的石油等不可再生能源。

交通运输业在一定程度上破坏了自然环境的平衡，而其中对空气和地表污染最严重的是汽车运输。相比之下高铁运输对环境和生态平衡的影响程度较小，大大减少了对环境的破坏。

高速铁路基本上消除了粉尘、煤烟和其他废气污染，噪声也比高速公路低。

3．占用土地少

航空运输的基础设施主要是机场，而机场建设对土地要求比较高——面积要大，平整度要高，因此很多城市的机场都建立在远郊区，还需要修建大量的机场辅助设施，如机场高速公路等。在同等运能条件下，铁路与高速公路的占地比为1：2.5～3.0，单位换算周转量的用地比，公路是铁路的3～5倍。高速铁路大都采用高架形式，避免了对所经区域空间的分割，更节约了土地资源。

4．安全舒适

安全可靠是衡量绿色交通的重要标准。由于高速铁路运行在相对独立的空间和固定的轨道上，并有一系列智能化的安全保障措施，因此高铁运输十分安全可靠。根据多年的统计数据，事故死亡率高铁、飞机、汽车之比为1：7.8：1066.7。

高铁列车内工作、生活设施齐全，座席宽敞舒适，列车走行性能良好，运行平稳，减振、隔音效果好，车内很安静。乘坐高速列车旅行不啻是一种愉快的享受。

三、交通强国　铁路先行

狭义的铁路包括干线铁路、城际铁路、市郊铁路三个层次，广义的铁路还包括城市轨道交通。

干线铁路是指在全国铁路网中起骨干作用的省区之间的线路，是保证全国运输联系，具有重要的政治、经济和国防意义或达到规定客货运量的铁路线，如京沪线、京九线、兰新线等。干线铁路区别于区域内相邻城市间的城际铁路与城市内的市域（郊）铁路以及城市轨道交通。

城际铁路是专门服务于相邻城市间或城市群内部的铁路线，列车的运营速度为160～200公里／小时，属于快速铁路范围。一条城际铁路线路总长一般介于 50 ～ 300 公里之间；城际铁路的站间距一般为 10 ～ 20 公里。城际铁路主要服务于经济发达、交流频繁的经济区或城市群内部的旅客出行，城际客流中大部分为公务、商务及异地上班族，同时还包括部分旅游、购物和探亲客流等。城际客流对进出站的便捷性要求高，对于换乘枢纽要求其具有较强的客流集结和疏解能力，因为城际客流要从城际铁路车站快速地疏散到城市的各个角落，融入城市交通之中。通过城际铁路与城市公共交通的协调对接，能有效地缓解城际客流涌入城市所引起的交通拥挤。

市郊铁路是将市区与郊区，以及城市周围几十公里甚至更大范围的远郊地区（卫星城镇或城市边缘集团）连接在一起的铁路线路。简言之，就是城区通往郊区的铁路。国外称之为

图 4.3 京津城际铁路 罗春晓摄

"suburban railway"，也有称"地区铁路"（regional railway），当主要提供通勤服务时则称之为"通勤铁路"（commuter railway）。它主要用于通勤、通学、旅游、赶集等社会、经济活动。

我国"十三五"期间的铁路建设规划见图 4.4。

在交通运输体系这个大家庭里，共有五兄弟姐妹：铁路、公路、航空、水运、管道。这五兄妹长大成人后各自繁衍形成了五大家族。广义的铁路应该包括城市轨道交通，因为城市轨道交通保持了列车在轨道上运行这一基因，所以可以归在铁路这一大类里。

城市交通系统分为对外交通系统和市内交通系统。干线铁路和城际铁路属于城市对外交通方式，市域（郊）铁路和城市

图 4.4　我国"十三五"期间铁路建设规划示意图

轨道交通属于市内交通方式。交通作为城市的四大基本功能之一（1933 年制定的《雅典宪章》将城市划分为居住、工作、游憩、交通四大功能），是城市获得良好发展的基础和前提，也是关系到城市生产、生活、生态的社会公共服务设施，如同城市的"供血系统"和"润滑剂"。

城市轨道交通是采用轨道结构进行承重和导向的公共交通系统。它依据城市总体规划的要求，设置全封闭或部分封闭的专用轨道线路，以列车形式运送相当规模的旅客。城市轨道交通是城市公共交通的骨干，具有节能、节地、安全、运量大、全天候、污染少等优点，是绿色环保的交通方式，特别适用于大中城市。它主要包括具有独立路权的地铁、轻轨、单轨、磁浮系统、自动导向轨道系统、市域（郊）快线以及只有部分路权的有轨电车等。

2018 年全国交通运输工作会议明确，我国将分"两步走"建设交通强国：第一步，从 2020 年到 2035 年，奋斗 15 年，基本建成交通强国，进入世界交通强国行列；第二步，从 2035 年到 21 世纪中叶，奋斗 15 年，全面建成交通强国，进入世界交通强国前列。

2013—2017 年，是我国铁路投资规模最大的 5 年，全国铁路共完成固定资产投资 3.9 万亿元，其中 2014—2017 年连续 4 年每年完成 8 000 亿元以上；五年新增铁路营业里程 2.94 万公里，其中投产高铁 1.57 万公里，均创历史最高纪录。到 2017 年底，全国铁路营业里程达到 12.7 万公里，居世界第二位；其中高铁 2.5 万公里，约占世界高铁总里程的三分之二；铁路电气化率和复线率分别居世界第一位和第二位。可见，中国已建成并运营着世界上最现代化的铁路网和最发达的高铁网，铁路已成为我国经济发展的重要引擎。

我国铁路已经形成涵盖高铁工程建设、装备制造、运营管理三大领域的成套高铁技术体系，高速铁路、既有线提速、高原铁路、高寒铁路、重载铁路均达到世界先进水平，铁路总体

技术水平迈入世界先进行列，部分技术处于世界领先水平，正在由"跟跑者"向"领跑者"转变，树立起了世界高铁建设运营的新标杆。随后，"复兴号"动车组陆续在全国各地开行。习近平总书记在 2018 年新年贺词中讲到"'复兴号'奔驰在祖国广袤的大地上"，对我国高铁发展及其科技创新成果给予了充分肯定。

铁路在打响扶贫攻坚战中，也充分发挥了行业优势，为精准扶贫、精准脱贫提供了有力支撑。2013—2017 年，14 个集中连片特困区 5 年累计新增铁路里程 5 495 公里，其中新增高铁里程 2 574 公里，县级以上行政区铁路覆盖率达到 46.7%。百项交通扶贫骨干通道工程中安排 16 个铁路项目，有 12 个项目已开工建设。目前途经国家级扶贫工作重点县的旅客列车达到 1 650 多列，占全国旅客列车总数的 21.6%；还努力拓展动车组列车对贫困地区的覆盖范围，近年来广西、贵州、云南、甘肃、青海、新疆、内蒙古等中西部省份贫困地区陆续开行了动车组列车，与此同时精心开好公益性"绿皮车""慢火车"以及农民工集中地区的普速客车，大大方便了贫困地区劳动群众的出行。

至今，中国铁路的客运周转量、货运发送量、换算周转量、换算运输密度等主要运输经济指标稳居世界第一，其承担的社会责任与国际影响力与日俱增，中国铁路在综合交通体系中的骨干作用进一步增强。

到 2020 年，中国将基本建成布局合理、覆盖广泛、高效便捷、功能完善、世界上最现代化的铁路网和高铁网，并与其他交通方式实现有机衔接和深度融合。全国铁路营业里程将达到 15 万公里左右，基本覆盖 20 万以上人口城市；其中高铁 3 万公里左右，覆盖 80% 以上的大城市；到 2025 年，铁路网规模达到 17.5 万公里左右，其中高铁 3.8 万公里左右；到 2035 年，率先建成以"八纵八横"为骨架的发达完善的现代化铁路网，为在 2050 年左右把我国建成交通强国当好先行者。

四、1 + 1 + 1 + 1 + 1 > 5

各种运输方式有着各自的技术特征和适用范围，因此，各运输方式之间应该优势互补、互相衔接、协调发展，从而高质量地完成客货运输任务，满足人民群众对美好生活的向往。

2017 年 2 月 3 日，国务院公布并开始实施《"十三五"现代综合交通运输体系发展规划》。这是我国首次以重要文件形式提出"现代综合交通运输体系"这一概念。交通运输是国民经济中基础性、先导性、战略性产业，是重要的服务性行业。构建现代综合交通运输体系，是适应经济发展新常态的重要战略举措。

按国务院公布的这一规划，要做到各种运输方式之间衔接更加紧密，重要城市群核心城市间、核心城市与周边节点城市间实现 1 ～ 2 小时通达；打造一批现代化、立体式综合客运枢纽，旅客换乘更加便捷；交通物流枢纽集疏运系统更加完善，货物换装转运效率显著提高；全国铁路客运高速动车组服务比重进一步提升，民航航班正常率逐步提高，公路交通保障能力显著增强，公路货运车型标准化水平大幅提高、货车空驶率大幅下降，集装箱铁水联运比重明显提升，全社会运输效率明显提高。

到 2020 年，高速铁路将覆盖 80% 以上的城区常住人口超过 100 万的城市，铁路、高速公路、民航运输机场基本覆盖城区常住人口 20 万以上的城市，内河

图 4.5　集装箱货物列车　罗春晓摄

高等级航道网基本建成，沿海港口万吨级及以上泊位数稳步增加，具备条件的建制村通硬化路，城市轨道交通运营里程比2015年增长近一倍，油气主干管网快速发展，综合交通网总里程达到540万公里左右。

该规划还提出了"两大关键"："平衡各种运输方式"和"各种运输方式融合发展"。前者侧重于发挥各种运输方式的比较优势，后者侧重于发挥各种运输方式的组合效率。

从平衡各种运输方式来看，必须用系统思维，根据各地资源禀赋条件和地理空间特征，构建宜水则水、宜陆则陆、宜空则空的现代综合交通运输体系，使各种运输方式发挥整体最大绩效，实现 $1 + 1 + 1 + 1 + 1 > 5$。从各种运输方式融合发展看，需要抓好各种运输方式的深度融合。首先要抓好基础设施联网，这是各种运输方式融合发展的基础性条件；同时要抓好综合枢纽衔接，这是各种运输方式融合发展的关键节点；要抓好联程联运发展，重点抓住旅客联程运输和货物多式联运这两个主攻方向。

我国综合交通运输体系中的铁路、公路、航空、水路、管道5种交通方式各有其优势和适用范围，为了形成全国统一、四通八达的综合交通运输网络，就要结合人口众多、国土辽阔、资源分布和经济发展不均衡的我国国情，以铁路为骨干、公路为基础，积极发展航空运输，充分利用内河、沿海和远洋运输资源，令其"八仙过海，各显神通"。

第一，从速度看，如前所述，各种运输方式各有其适用的速度范围：公路运输的最优速度为 $50 \sim 100$ 公里／小时，铁路运输为 $100 \sim 350$ 公里／小时，航空运输为 $500 \sim 1\,000$ 公里／小时。

第二，从运输成本看，运输成本是运输业的一个综合性指标，受各种因素的影响，水运和管道运输的成本最低，其次是铁路和公路运输，航空运输成本最高。

第三，从投资水平看，各种运输方式由于其技术装备的构成不同，不但投资总额大小各异，而且投资期限和初期投资的数额也有相当大的差别，各种运输方式在线路基建投资和运载工具投资方面也各有不同。"海阔凭鱼跃，天高任鸟飞"，水运、航空运输的线路投资最低，公路次之，铁路最高。

第四，从运输能力看，水运和铁路运输都处于优势地位。而公路和航空的运输能力相对较小。

第五，从能源消耗看，由于铁路运输主要采用电力牵引，因而具有优势，而公路和航空运输则是消耗不可再生能源（石油）的大户。

第六，从运输的通用性与机动性看，铁路和管道运输受气候和季节影响最小，而机动灵活方面要数公路与航空运输最为优越。

图 4.6　成绵乐城际铁路

第七，从适用范围看，铁路运输适合经常、稳定的大宗货物运输，特别是中长途货物运输。干线铁路、城际铁路、市域（郊）铁路分别适应中长途、短途城际和现代快速市郊旅客运输的需要。公路运输在中短途运输中效果明显，特别是具有提供"门到门"服务的独特优势，可补充和衔接其他运输方式的起终点，为铁路、水路运输达不到的区域提供接力运输。水路运输，适合于大宗货物的长途运输，尤其是远洋运输，不仅是国际贸易的主要运输方式，也是发展国民经济的重要组成部分。航空运输适用于长途旅客运输、高附加值货物快速运输以及邮件运输，涵盖国际和国内。管道运输是流体能源非常适宜的运输手段，尤其是输送属于危险品的油类，由于管道埋在地下，受地面干扰少，运送此类物品相对安全。

一般来说，铁路和海运主要适宜于量大的中、长途客货运输；公路和一般内河航线主要适宜于中、短途客货运输，并为干线旅客运输集散客流；航空运输则适用于国际交往和国内大、中城市间的旅客运输以及长距离急件运输，用于加强边远地区的联系也是航空的强项。

对于城市交通，市域（郊）铁路不同于地铁，它与地铁相比具有平均站距长、速度高、运能大、投资省、造价低等优点；列车编组长、车体大，大部分线路可铺设在地面或高架上，设站相对减少，车站结构较简单，建设费用较低；而且与干线铁路技术标准相兼容，可实现两者的功能衔接与设备共享。

综上所述，在客货运输市场中，公路在短途方面有优势，民航、海运在远途方面有优势，铁路在中长途和城际运输方面占有优势。然而目前铁路的比较优势尚未得到充分发挥。例如，2016 年铁路客运发送量占全国 14.8%，周转量占到 40.2%（铁路旅客平均行程为 400～500 公里，公路为 50～60 公里，航空为 1 500 公里）；但货物发送量仅占 7.73%，货物周转量也只占 18.51%，而且同比是下降的。目前正在积极采取措施，大力提高铁路货运的占比。

五、推进交通融合发展的"三大法宝"

多式联运、构筑运输大通道、建设综合交通枢纽是推进交通运输融合发展的"三大法宝"。推进交通运输融合发展是目标，这"三大法宝"就是方法。如果目标是"过河"，那就要解决好桥和船的问题，后者就是方法。

【知识链接】目标与方法

被誉为"管理学之父"的美国人泰罗在他的奠基性著作《科学管理原理》中指出：所谓"管理"，就是"确切地知道你要别人去干什么，并使他用最好的方法去干"。

"治大国如烹小鲜"，这句《道德经》中的话为大家所熟悉。"治大国"是目标，"如烹小鲜"就是方法。这句话的意思是：治理一个国家就像烹制一条小鱼一样，需要按规律、按步骤一步步来，既不能着急，也不能乱来。乱翻动，一折腾，小鱼就碎了。20 世纪 90 年代，时任美国总统的里根在国情咨文中引用了这句中国古代的格言。

管理有四大要素：有目标、有方法、有人才、有效果。有了正确的目标、科学的方法，再加上优秀的人才，那么领导力和执行力就全都有了，效果（效率、效益）就会不请自来。

由两种及以上的交通工具相互衔接、转运而共同完成的运输过程称为"复合运输"，我国习惯上称之为"多式联运"。其特点是：根据多式联运的合同进行操作，运输全程中至少使用两种运输方式，而且是不同方式的连续运输。多式联运的货物主要是集装箱货物，具有集装箱运输的特点。多式联运是一票到底，实行单一费率的运输，发货人只要订立一份合同、一次付费、一次投保，通过一张单证即可完成全程运输；多式联运

是不同方式的综合组织，全程运输均是由多式联运经营人组织完成的，无论涉及几种运输方式、分为几个运输区段，都由多式联运经营人对货运全程负责。

海陆联运是国际多式联运的主要组织形式，也是亚洲—欧洲多式联运的主要组织形式。例如在连云港开创实施的欧亚大陆海陆联运合作新模式下，刚卸船的货物当晚就发货，5天内就能通过海铁联运班列运到哈萨克斯坦（过去要花数十天时间）。哈萨克斯坦这一世界上最大的内陆国家现在有了通向太平洋的出海口。哈方人士感叹说："中国就是哈萨克斯坦的大海。"

截至 2018 年 7 月，重庆至宁波的海铁联运班列已开行超过 100 个班次，业务量突破了 1 万标准箱。一列列满载重庆出口货物的列车缓缓驶入宁波舟山港的北仑港区，标志着这些来自内陆地区的货物将通过海上丝绸之路出口到 46 个国家和地区。舟山港已成为海上丝绸之路和陆上丝绸之路的结合点。从重庆始发的班列到宁波舟山港只需要 57 小时，大大降低了在内陆的运输时间，为重庆节省了物流成本；同时也可把宁波的货物带到重庆，通过渝新欧班列再走向欧洲，这样就能实现东西大贯通。5 年来，东西贯通的基础设施建设，使不少像重庆这样的内陆腹地变成为开放高地，带动了双边贸易增长。海关数据显示，2018 年 1—7 月，我国对"一带一路"沿线国家贸易增幅为 11.3%，远超对欧美日等主要市场的进出口增速。

所谓"运输大通道"是指多种现代运输工具能够通达、具有大运输能力的运送线路，进行的是铁路、公路、水路、空路和管道运输方式中的两种或两种以上的组合运输。铁路包括高速铁路和普通铁路，公路包括高速公路和普通公路；水路既有大江、湖泊和运河的内陆水道，也包括沿海、近海和远洋的航线；空路有国内和国际航线，旅客和货物运输；管道包括输油、输气和物料管路以及压力空气输送管道等运输方式。通道往往连接重要的都市圈、城市群，沿线覆盖众多人口，是国家

图 4.7　满洲里口岸的列车车皮换装

繁忙的经济大动脉。通道内的各种运输方式分工明确、配比合理，而且各种方式的运量基本趋于稳定，有合理的市场分工并能提供良好的服务，从而实现各种交通方式的融合发展。

"汽笛轰鸣、列车穿梭、飞机呼啸"就是运输大通道的形象写照。

除了国内综合运输大通道外，还要合力打造"一带一路"互联互通开放通道。

首先，要着力打造丝绸之路经济带国际运输走廊。以新疆为核心区，以乌鲁木齐、喀什为支点，发挥陕西、甘肃、宁夏、青海的区位优势，连接大陆桥和西北北部运输通道，逐步构建经中亚、西亚分别至欧洲、北非的西北国际运输走廊；发挥广西、云南开发开放优势，建设云南面向南亚、东南亚辐射中心，构建广西面向东盟国际大通道；以昆明、南宁为支点，连接上海至瑞丽、临河至磨憨、济南至昆明等运输通道，推进

我国与尼泊尔等国交通合作，逐步构建衔接东南亚、南亚的西南国际运输走廊；发挥内蒙古联通蒙俄的区位优势，加强黑龙江、吉林、辽宁与俄远东地区陆海联运合作，连接绥芬河至满洲里、珲春至二连浩特，以及黑河至港澳、沿海等运输通道，构建至俄罗斯远东、蒙古、朝鲜半岛的东北国际运输走廊。

此外，还要加强"一带一路"通道与港澳台地区的交通衔接，强化内地与港澳台的交通联系，开展全方位的交通合作，提升互联互通水平；支持港澳积极参与和助力"一带一路"建设，并为台湾地区参与"一带一路"建设做出妥善安排。广深港高铁香港段在 2018 年 9 月 23 日正式通车后可直达内地 40 多个站点，从西九龙到深圳福田站仅需 14 分钟，到广州只需 47 分钟，到北京仅需约 9 小时。

建设综合交通枢纽是推进交通融合发展的第三个法宝。

交通枢纽是一种或多种交通运输方式交会并能协同进行客货运输作业的各种技术设备的集合，是乘客集散、换乘的重要场所，是综合交通系统的重要节点。由两条以上的同种交通方式线路汇聚形成的枢纽为单一交通枢纽，由两种以上不同交通方式的线路汇聚形成的枢纽称为综合交通枢纽。对于客运交通枢纽，应尽量避免建设单一交通枢纽，因为单一交通枢纽对乘客的换乘非常不利。

近年来，随着铁路运输和航空运输的大众化趋势，大型铁路客运站和机场逐渐发展成为集高铁、飞机、城际铁路、城市轨道交通、高速公路等多种交通方式于一体的城郊型大型综合交通枢纽，完成了集城市对外、对内交通，满足货运、客运的全方位需求，进而实现远距离客货运输的无缝连接。但今后也应注意在市中心区建设一些高效率的中小型综合交通枢纽，以方便市区居民乘坐高铁出行，并减轻大量铁路旅客对市区公共交通的压力。

枢纽是运输网络衔接转运的关键，良好的枢纽衔接是实现客运"零距离"换乘和货运无缝衔接的基础。由于城市群交通

图 4.8　京沪高铁列车驶出上海虹桥站　罗春晓摄

决策主体的多元化，做好综合交通枢纽的规划、促进枢纽与交通网络同步建设与配套至关重要。具体地说，就是要各方合作制订好综合交通枢纽规划，包括确定枢纽功能定位、设施布局、衔接设计以及分期建设计划等。

　　铁路客运综合交通枢纽是指以铁路为主导交通方式，用于连接一条或多条铁路及其他交通方式的大型客站；它是一个用于铁路旅客集散和中转换乘的巨大系统，具有布局集中紧凑、立体换乘和换乘距离短、服务设施完善等特点。铁路客运综合交通枢纽对城市客运交通、城市交通线路之间的换乘衔接也起着重要作用。

　　随着我国高速铁路与区域内城际铁路的加快建设，至今已建成了一批立体化的新型综合客运枢纽。高速铁路客站作为一种新建枢纽类型，承担着各种客流的组织功能，具有集散客流能力强、站址区位与城市发展结合度高的特点。与传统铁路旅

99

客车站相比，高速铁路客运枢纽总体布局更加注重综合化、一体化，要与周边建筑和商业设施融为一体。高速铁路客站融入城市公共空间已成为未来城市发展的一种趋势。

以上海虹桥综合交通枢纽为例，铁路虹桥站每隔七十几秒就有一趟高铁列车进出，每天发送和到达旅客近80万人，在春运等高峰期，一天发送和到达的旅客超过百万人次。值得注意的是，铁路上海虹桥站已完全融入上海虹桥经济技术开发区。后者是经国务院批准的第一批十四个经济技术开发区之一，经过十多年的开发建设，虹桥开发区已发展成为以外贸中心为特征的集展览、展销、办公、商务、居住、餐饮、购物等为一体的新兴商贸区，并专设了涉外领馆区；上海地铁2号线和10号线都在虹桥机场航站楼和铁路上海虹桥站设站，机场与火车站相隔只有地铁一站路的距离。

铁路客运综合交通枢纽是城市综合运输系统的重要组成部分，在城市综合客运交通体系中具有两个不同层次的功能：一是对外交通客运的集散，二是市内交通的换乘。铁路客运枢纽作为城市重要的对外交通设施，是为整个城市服务的。进出城市的客流有很大一部分是铁路客流，由于铁路客运枢纽有大量的换乘客流，枢纽内的城市公交、地铁及私人交通等交通方式又要为上、下火车的乘客提供接站和送站服务，因此必须有效组织枢纽内各种交通方式，使客流能够及时集散，提高换乘接驳效率。

铁路客运枢纽既要满足对外交通需求，又要满足市内交通的换乘。由于其中聚集了城市内部的多种交通方式、提供多种交通换乘手段，往往又要满足市内交通客流的中转换乘需求。因此提高铁路的整体换乘效率对于市内交通的畅通也非常重要。

此外，由于铁路枢纽能够改善周边区域的交通状况，高密度的客流与便捷的交通会提高铁路客运枢纽及其周边地区的商业价值，这是城市发展过程中的一条规律。须注意的是，尽管在枢纽设计中商业功能有十分重要的地位，但在枢纽内部它只是具有从属功能，枢纽的首要功能仍是交通功能，要防止喧宾夺主。

我国铁路客运站正处于逐步迈向一体化换乘的过程。一体化换乘理念是指综合考虑不同交通方式的功能特点，通过整合各种交通资源、调整流线布局、优化空间设计，实现铁路、城市轨道交通、道路公交、出租车、社会车辆等交通方式之间的无缝换乘。在建设大型铁路客运站的过程中，一体化换乘具有重要意义和突出作用，是大型铁路客运站评价的重要指标。为了给旅客提供安全、便捷、高效、舒适的换乘条件，大型铁路客运站的换乘系统应力求实现以下几项目标：

一是换乘方便、换乘距离短。设计铁路枢纽布局时要紧凑，通过立体化来缩短换乘距离，减少换乘时间。如地铁和轻轨的出入口应尽可能地靠近铁路长途旅客的进出站口；布置换乘流线时避免迂回和交叉，避免平面流线分离设置；充分考虑旅客在铁路枢纽中换乘时的现实需要及心理状态。

二是合理分配客流。铁路枢纽的设施配套情况、地理位置及其周边的道路情况要与枢纽的功能、规模、能力相适应。要优化铁路枢纽内的公交线路及停靠站点布局，合理配置客流与运能，改善换乘条件，提高公共交通客流的比例，以减少铁路枢纽的换乘压力，缓解周围道路的交通压力。

三是节省投资，降低运营成本与旅客成本。建设铁路枢纽应综合考量规模及建设标准，把近、远期目标相结合。建设规模要依据高速铁路、城际铁路、普通铁路的客流特点和客流量以及未来发展趋势来把握工程规模，确保铁路客站建筑在很长一段时期内不落后。此外，要考虑维护成本，因为铁路枢纽的全部成本既包括建设成本也包括运营费用，一次性投资和维护费用都会影响铁路枢纽的效益。

四是为商业开发创造条件。建设一体化换乘体系应考虑将交通换乘功能与商业等功能相结合，在设计中应当通过潜在引

导使铁路客运站与周边相关物业相互带动、相互促进，并尽最大可能地利用地下空间：一方面控制地面土地利用规模，另一方面创造通达便捷的集散吸引空间，结合周边条件刺激相关物业的开发。

交通衔接设施应结合枢纽核心建筑主体布局统筹考虑，充分利用高架、地面、地下采用立体化换乘，以实现设施紧凑化布局以及尽可能缩短旅客换乘流线。

我国"十三五"期间综合运输大通道与综合交通枢纽规划如图 4.9 所示。

我国"十三五"期间综合交通运输发展的主要指标及其属性如表 4.1 所示。

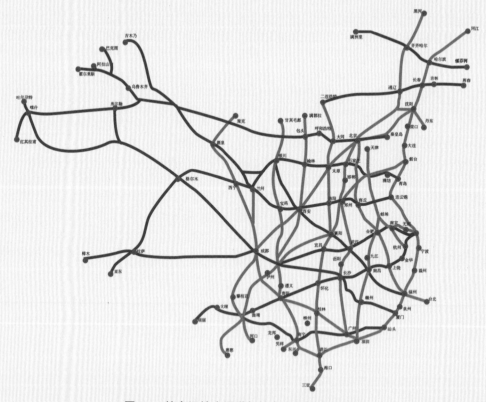

图 4.9 综合运输大通道与综合交通枢纽示意图

表 4.1　我国"十三五"综合交通运输发展主要指标

	指 标 名 称	2015 年	2020 年	属 性
基础设施	铁路营业里程（万公里）	12.1	15	预期性
	高速铁路营业里程（万公里）	1.9	3.0	预期性
	铁路复线率（%）	53	60	预期性
	铁路电气化率（%）	61	70	预期性
	公路通车里程（万公里）	458	500	预期性
	高速公路建成里程（万公里）	12.4	15	预期性
	内河高等级航道里程（万公里）	1.36	1.71	预期性
	沿海港口万吨级及以上泊位数（个）	2 207	2 527	预期性
	民用运输机场数（个）	207	260	预期性
	通用机场数（个）	300	500	预期性
	建制村通硬化路率（%）	94.5	99	约束性
	城市轨道交通运营里程（公里）	3 300	6 000	预期性
	油气管网里程（万公里）	11.2	16.5	预期性
运输服务	动车组列车承担铁路客运量比重（%）	46	60	预期性
	民航航班正常率（%）	67	80	预期性
	建制村通客车率（%）	94	99	约束性
	公路货运车型标准化率（%）	50	80	预期性
	集装箱铁水联运量年均增长率（%）		10*	预期性
	城区常住人口 100 万以上城市建成区公交站点 500 米覆盖率（%）	90	100	约束性
智能交通	交通基本要素信息数字化率（%）	90	100	预期性
	铁路客运网上售票率（%）	60	70	预期性
	公路客车 ETC 使用率（%）	30	50	预期性
绿色安全	交通运输 CO_2 排放强度下降率（%）		7*	预期性
	道路运输较大以上等级行车事故死亡人数下降率（%）		20*	约束性

注：① 硬化路一般指沥青（水泥）路，对于西部部分建设条件特别困难、高海拔高寒和交通需求小的地区，可扩展到石质、砼预制块、砖铺、砂石等路面的公路。

② 通用机场统计含起降点。

③ 排放强度指按单位运输周转量计算的 CO_2（二氧化碳）排放。

④ *：与"十二五"末相比。

第五章

投融资改革方略

　　高速铁路是一个包括最先进的各项铁路技术、先进的运营管理方式、市场营销和资金筹措在内的十分复杂的系统工程。要实现中长期铁路网规划，资金需求量很大。以最近 4 年（2013—2017 年）为例，全国连续每年完成铁路固定资产投资达 8 000 亿元以上。

　　那么多的钱，从哪里来?

　　我国铁路（含高铁）之所以能有这么大的资金投入，主要依靠深化铁路投融资体制改革、扩大筹资渠道，再加上国家出台的相应的支持政策。

　　中国铁路建设资金主要有五个来源：一是铁路建设基金，二是中央和地方政府以及企业投资，三是发行铁路建设债券，四是银行贷款，五是通过其他形式积极吸引社会资金。所谓铁路建设基金，是指经国务院批准征收的专门用于铁路建设的政府性基金，从运费中提取，当时的提取标准是 3.3 分 / 吨公里。以 2010 年为例，铁路建设基金为 616.92 亿元，随着铁路运力的增长，这笔基金也会逐年增加。

　　2013 年 7 月，国务院又决定在铁路建设基金之外新设立"铁路发展基金"。

　　在中国改革开放的大潮中，铁路投融资改革起步于"七五"期间的铁路大包干。

一、"七五"期间的铁路"大包干"

　　改革开放以前，我国计划经济下投融资体制的特点是：建设投资的唯一主体是中央政府，且投资决策权完全掌握在中央政府手中，建设资金的唯一渠道是财政拨款，投资的运行管理是采用行政性、指令性手段，投资没有任何风险责任约束。具

有"准公共物品"的国家铁路，其投融资体制更不例外。而且，那期间国家铁路上交的利税总额远高于国家给铁路建设的财政拨款。正因为此，在1986—1990年期间，铁道部大力推进铁路改革，提出并实施了"投入产出，以路建路"的经济承包责任制（又称铁路"大包干"）。

改革开放以后的1982年4月，陈璞如出任铁道部长。陈璞如支持在广深线（广州—深圳）改造工程中自筹资金、自主经营的改革措施，成功地走出了被称为"广深模式"的新路子。

1985年4月，丁关根出任铁道部部长，此时正值铁路困难时期，运能严重短缺，设备老化失修，买票难，运货难，铁路成为国民经济发展中的薄弱环节和制约因素。当时有一部描写解放上海战斗故事的影片《战上海》，播映后，"站上海"的说法在铁路旅客中不胫而走，意在调侃乘车难，暗指买到火车票已属不易，可是还得从北京一路站到上海。

铁路发展严重滞后有种种因素，但是统收统支的财政体制、高度集权的投资体制和30年一贯制的低运价政策，使铁路缺乏自我改造、自我发展的能力。铁道部希望通过改革来解决财政上对国家的过度依赖，进而获得更多自主权，激发创造性和积极性。

铁道部党组抓住了当时铁路的主要矛盾，制定了"以扩能为中心，打好两个翻身仗"的《铁路"七五"发展战略》。丁关根指出：东北和沿海16 000公里的繁忙干线，承担着70%的运输周转量，是最紧张、最被动的线路；而机车车辆工业的生产能力和质量，又是铁路内部最突出的薄弱环节。所以果断提出要对16 000公里的繁忙干线进行强化改造，提高运输能力；同时要大力改造机车车辆工业，提高生产能力和产品质量。要把打好这两个翻身仗作为实施铁路"七五"规划的战略重点。

丁关根认为要打好这两个翻身仗，不能躺在国家身上

图 5.1　铁道博物馆中的绿皮火车

吃"大锅饭"，必须从改革中找出路，改革"三高"财税政策（高营业税、高所得税、高上缴利润），改变铁路连简单再生产也难以为继的状况。在中央的支持下，铁道部顶着风险和压力，毅然实行经济承包责任制。根据"大包干"方案，铁路不再将全部运营收入上缴中央，而是以承包责任制的方式每年上缴 5% 的营业收入，其余全部收入归铁路系统。铁道部还承诺，计划在"七五"期间要使客运量增长 45%，货运量增长 71%，修建新线、复线、电气化铁路近 1 万公里，铁路机车车辆方面的工业投资接近前 35 年国家在这方面投资的总和。

有学者研究认为，改革开放初期的 1978—1985 年、实施"经济承包责任制"的 1986—1990 年和"扭亏为盈，减员增效"的 1996—2002 年是铁路全要素生产率增长较为明显的时期。1986 年国家开始实行的"投入产出、以路建路"的经济承包责任制等改革措施，调动了铁路运输企业改进管理和增收节支的积极性，使得这一时期全要素生产率对产出增长率的贡献份额增加到了 116.68%。

【知识链接】全要素生产率

党的十九大报告指出："必须坚持质量第一、效益优先，以供给侧结构性改革为主线，推动经济发展质量变革、效率变革、动力变革，提高全要素生产率。"这是党的代表大会文件中首次提出全要素生产率。

全要素生产率（total factor productivity，TFP）是衡量单位总投入与总产出的生产率指标。分子是总产出，分母是资本、劳动和资源的加权平均数。全要素生产率的来源包括技术进步、组织创新、专业化和生产创新等。产出增长率超出要素投入增长率的部分为全要素生产率增长率。

20世纪50年代，美国经济学家、诺贝尔经济学奖获得者罗伯特·M. 索洛（Robert Merton Solow）提出了全要素生产率的定义，并把它归结为是由技术进步而产生的。

自1978年邓小平访问日本带回高速铁路的重要信息，到20世纪90年代，铁路先进国家高铁列车的时速已达270公里，而当时中国铁路列车时速只有100公里左右。经过12年的改革开放，到1990年，全社会开始重新认识"铁路是国民经济大动脉"这一经济思想，希望加快铁路建设。因此这一年的铁路建设投资达到了107.16亿元，占全国投资比重的6.3%；而且铁道部向国务院报送了《关于"八五"期间开展高速铁路技术攻关的报告》，奏响了中国的"高铁序曲"。

二、合资建路模式助推高铁建设

新中国成立以来，中国铁路建设主体是中央政府，由于建设资金不足，建设速度缓慢，路网扩展有限，限制了铁路的发展。"七五"期间，国民经济持续、快速增长，铁路日益成为制约国民经济和社会发展的"瓶颈"。一些省、市、自治区政府建设铁路的愿望十分迫切。20世纪80年代初期，在南防铁

图 5.2 金温铁路 罗春晓摄

路（南宁—防城港）建设中，广西壮族自治区政府和铁道部共同探索合作途径；在三茂铁路（三水—茂名）建设中，广东省政府与铁道部合作，组建三茂铁路公司，共同出资建成了中国第一条中央与地方合资的铁路。1985 年，原铁道部与内蒙古自治区人民政府共同组建的内蒙古地方铁路总公司，内蒙古自治区党委明确其为地一级企业实体。合资铁路崭露头角。

所谓"合资铁路"，一般是指国家与地方政府、企业或其他投资者合资建设和经营的铁路。合资铁路打破了多年来我国铁路投资主体单一的局面，调动了中央和地方两个积极性，拓宽了筹资渠道，铁路建设初步形成了投资主体多元化的格局。

1991 年，国家计委、铁道部在广东省联合召开全国合资铁路工作会议，肯定了合资铁路发展的方向。1992 年，国务院制定"统筹规划、条块结合、分层负责、联合建设"的合资铁路建设方针，下发《关于发展中央和地方合资建设铁路意见

111

图 5.3 达成铁路

的通知》，对合资铁路实行特殊运价和必要的优惠政策。1993年和1996年，国家计委和铁道部先后出台《合资铁路建设意见》和《合资铁路建设管理办法（试行）》，这些政策、法规有力推动了合资铁路建设。

这一时期，先后有达成（达县—成都）、广梅汕（广州—梅县—汕头）、金温（金华—温州）等13个合资铁路项目开工，并建成了合资铁路中最长的集通铁路（集宁—通辽）、连接新亚欧大陆桥的北疆铁路，以及连接广东和海南岛的粤海铁路。

1995年，内蒙古地方铁路总公司改组为内蒙古集通铁路有限责任公司，股东为原铁道部和内蒙古自治区人民政府。2008年6月，经原铁道部批复组建内蒙古集通铁路（集团）有限责任公司。公司管辖运营里程2 494公里，其中复线870公里。现有股东5家，其中原铁道部持股60%、北方联合电力有限责任公司持股30%、内蒙古交通投资有限责任公司持股9.14%，中铁六局集团公司、中铁建大桥工程局集团公司分别持股 0.43%。集通公司是目前全国唯一具有区域性路网、承担客货运输、铁路建设、多元经营，以资源输出为主、控股管理多家公司的独立运营铁路运输企业。

北疆铁路自新疆的乌鲁木齐至中国与哈萨克斯坦交界的阿拉山口，全长 460 公里，共有 36 个车站，是兰新铁路的西延线、新亚欧大陆桥的一部分，也是国家和地方合资修建的第一条路网性干线铁路。1985 年 5 月 1 日动工修建，1990 年 9 月 1 日通车，又称兰新铁路西段。北疆铁路，与陇海、兰新两大干线，构成了新欧亚大陆桥在中国境内的全部线路，曾被誉为 20 世纪的新"丝绸之路"，是中国出口的一条重要陆上通道。

新亚欧大陆桥全长约 10 800 公里，在中国境内铁路 4 100 多公里，横贯中国中部五省区。北疆铁路建成后，新疆形成东进西出、向西倾斜的经济发展格局，对促进中国和邻近地区的经济发展起到极其重要的作用，新亚欧大陆桥首班列车于 1992 年 12 月 1 日从连云港开出。兰新、北疆铁路沿线地域辽阔，物产丰富，这里又有很多中国历史名城和"丝绸之路"上的重镇。

为了便于铁路统一管理，发挥新亚欧大陆桥我国西部桥头堡作用，更好地服务于西部大开发和新疆经济建设，2001 年 9 月，国务院决定铁道部、新疆维吾尔自治区北疆铁路公司正式移交给铁道部管理，第一条由国家和地方合资修建的路网性干线铁路完成了它的历史使命。这一决定富于远见，因为"一带一路"倡议提出 5 年来，渝新欧等中欧班列源源不断通过新亚欧大陆桥，它已成为通往中亚和欧洲的重要通道。

粤海铁路是中国第一条跨海铁路，由铁道部、海南省、广东省共同投资 48 亿元兴建。北起粤西重镇湛江，贯通雷州半岛，跨过琼州海峡，直达三亚，是"九五"期间全国铁路重点项目之一。粤海铁路投入运营表明中国在建设跨海铁路上取得了关键技术的突破，填补了多项空白。粤海铁路包括广东省境内铁路、海峡铁路轮渡和海南省境内铁路三个部分。

图 5.4 所示为粤海铁路海口站。

图 5.4　粤海铁路海口站　罗春晓摄

　　原铁道部领导曾指出，合资铁路经验主要是"三新"：观念新、体制新、机制新。做到了自主经营、自负盈亏。合资铁路的异军突起，为国家铁路建设及运营提供了借鉴，为后来包括高速铁路建设在内的铁路建设体制改革充当了开路先锋。

【知识链接】铁路的分类

　　1. 国家铁路

　　简称国铁，由国家铁路总公司（之前是铁道部）管理的铁路，区别于合资铁路、地方铁路及专用铁路。国家铁路在国民经济中占有特别重要的地位，是国家的重要基础设施。

　　铁路有多个等级，除高速铁路外，普通铁路分为国铁Ⅰ级、国铁Ⅱ级、国铁Ⅲ级。由于国家铁路的地位举足轻重，因此对国家铁路实行高度集中、统一指挥的运输管理体制。

　　2. 合资铁路

　　一般指中国铁路总公司（之前是铁道部）与地方政府、企业或其他投资者合资建设和经营的铁路。合资铁路打破了多年来我国铁路建设投资主体单一的局面，调动了中央和地方两方面的积极性，拓宽了筹资渠道，使铁路建设初步形成了投资主体多元化的格局。

3. 地方铁路

主要是由地方自行投资修建的铁路，担负地方公共客运、货物短途运输任务。地方铁路与国家铁路相比，管理主体不同，前者属地方人民政府管理，后者由国家铁路总公司（之前是铁道部）管理；前者主要为地方或本地区的经济发展服务，后者着眼于国家的经济社会发展。

4. 专用铁路

指由企业或单位管理、专为本企业或本单位内部提供运输服务的铁路。一般说，专用铁路大多由大中型企业自己投资修建，并自备机车车辆，用来完成本企业、本单位的运输任务。有一些军工企业、森林管理部门也因为运输生产需要而修建专用铁路。

5. 铁路专用线

是由企业或单位管理、与国家铁路或其他铁路接轨的岔线。铁路专用线与专用铁路都是企业或单位修建的主要为本企业内部运输服务的，两者所不同的是：专用铁路一般都自备动力、自备运输工具，在内部形成系统的运输生产组织。而铁路专用线则仅仅是一条线路，其运输动力所使用的是与其接轨的铁路运载工具。

2004年1月，以建设"四纵四横"高铁线路为标志的《中长期铁路规划》发布，合资铁路成了高速铁路建设的有力推动者。与地方政府合资建设高铁，既减轻了国家的财政负担，又有利于解决征地拆迁等难题。这是中国高铁建设的一条成功之路。

2004 年 2 月，铁道部与上海市政府签署了首个战略合作会议纪要；同年 3 月，在"两会"期间铁道部先后与 31 个省市自治区举行了 30 多场会谈，为签署共建高铁协议做好了充分准备。

部省（市）战略合作的基本模式是铁道部控股（占51%），一部分与地方政府各占出资的 50%。此举的重要意义，就在于能解决一半的高铁建设资金难题。截至 2008 年底，铁道部与各省、市、自治区签订了 210 个合作会谈纪要，所确定的合作投资总规模达 5 万亿元，其中地方确认出资 1.6 万亿元，其余建设资金由规范的合资铁路公司承担还本付息责任。

2013 年 3 月，中国铁路改革迈出了重要一步，为实现政企分开和职能转变，国务院决定撤销铁道部，成立中国铁路总公司。为适应铁路管理体制改革要求，铁路总公司研究起草了《合资铁路公司国铁股权管理暂行办法》，明确了总公司与所属企业对合资铁路公司股权管理的职责划分。截至 2013 年底，国铁出资的合资铁路公司 183 家，109 家投入运营（或部分运营），74 家在建。其中，投入运营的 96 家国铁控股公司资产总额 17 968 亿元，营业里程 2.79 万公里。

在大规模建设高铁之前，我国一年的铁路建设投资大约在 500 亿元左右，而建设一条高铁动辄数百亿、上千亿元。可见，加快高铁发展除改革铁路投融资体制外别无他法。在各项铁路投融资改革举措中，原铁道部（现中国铁路总公司）与各省市自治区合资建路的制度创新最为成功，此举不仅吸引了大量地方资金，同时调动了地方建设与管理铁路的积极性，获得了地方政府在征地拆迁、物料供应、设施配套、地方税费等多方面的支持，大大加快了我国高铁建设的进程。例如，江苏、湖北等省正在按照国家的统一部署，积极探索深化铁路投融资体制机制改革。

江苏省 2018 年在建铁路有 10 条线路，其中 4 条是高速铁路。2020年全省铁路里程将达到 4 000 公里以上，其中快速、高速铁路近 3 000 公里。江苏省根据国家铁路体制改革要求，积极探索，进一步完善铁路规划、投资、建设体制机制，做强江苏省铁路建设运营发展主体。

湖北省出台的《关于进一步加快铁路建设发展的若干意见》，对深化铁路投融资体制改革做了明确要求，提出分类分层推进铁路项目建设：该省与中国铁路总公司共同投资建设的铁路项目，由省级铁路投融资平台履行省方出资人代表职责。该省规划建设的具有通道功能的项目和城际铁路项目，由省级铁路投融资平台主导，牵头负责项目前期、建设实施和运营管理等工作。市域（郊）铁路、旅游观光铁路、货运支线专线铁路，一般由所在市州县人民政府或企业主导投资，省级铁路投融资平台可参与投资、建设和管理。上述文件还提出，鼓励各类社会资本参与湖北省铁路建设，对新建和存量铁路项目积极探索采用政府和社会资本合作（PPP，public-private partnership）方式建设和运营，大力推行投资＋工程总承包（EPC，engineering procurement constuction）等铁路建设投融资模式；探索依法向社会资本转让既有铁路地方股权，转让收益用于铁路建设。

合资铁路在我国铁路建设史上留下了浓墨重彩的一笔。

三、股份制公司崭露头角

除了与地方政府共建高铁外，铁道部还广泛吸纳社会资金，每建设一条高速铁路，就成立一家股份制公司。例如，京津城际铁路除了铁道部、北京市政府、天津市政府外，中海实业有限责任公司也出资17亿元，获得了16.5% 的股权。

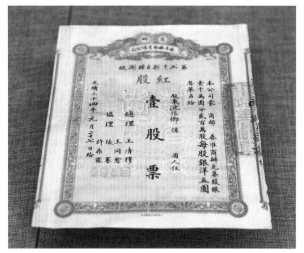

图 5.5　中国铁道博物馆中的清代铁路股票

京沪高速铁路吸引包括社保基金、保险公司及沿线政府出资人代表等作为京沪高速铁路股份有限公司的发起人（表5.1），保险及社保资金投资京沪高速铁路260亿元，其中平安保险公司出资160亿元，获得了13.93%的股权，成为京沪高铁第二大股东。铁路与有关机构合作开展铁路建设专项融资业务及信托计划、信托贷款等债务融资，签署30亿元的银行理财产品购买信托计划的融资协议。全年吸引地方政府及其他社会投资者权益性投资1 300亿元，使用国债25.5亿元，使用外资20亿元。

表5.1 京沪高铁股份公司股权投资计划参与单位

牵头发起人	平安资产管理有限责任公司
共同发起人	太平洋资产管理有限责任公司、泰康资产管理有限责任公司、太平资产管理有限公司
参与认购人	中再保险（集团）股份有限公司、中意人寿保险有限公司、中国人民财产保险股份有限公司
独立监督人	国家开发银行
托管人	中国建设银行

【知识链接】股份制与铁路建设的历史渊源

股份制诞生于17世纪，是资本主义发展的产物，如今已风行于全世界。股份经济已成为当今资本主义国家的主要经济成分。

17世纪的欧洲成为国际贸易中心，在英国、荷兰等国一些商人以入股形式使资本参与进来，使"原来由合伙的劳动者构成的矿业组合，几乎到处都变成了靠雇佣工人开采的股份公司"。（马克思：《资本论》）

英美两国的金融业、交通运输业和某些公用事业部门首先较多较快地运用了现代股份制的组织形式，尤其是在美国获得了最广泛的发展。美国的经济史可以说是一部美国股份公司发展史。美国建国不久，州政府就特许私人利用股份公司等集资金，修筑公路和运河，尤其在修筑铁路方面，股份公司立下了汗马功劳。1916 年，美国铁路里程最高点达 408 745 公里，超过了铁路发源地——西欧的铁路长度总和，约占全世界铁路的 1/3，创造了世界铁路建设史上的一个奇迹。

　　资本主义社会化大生产和商品经济发展的必然结果是股份经济的出现；同时股份经济的表现形式——股份公司的出现，又反过来对资本主义社会化大生产起到极大的推动作用。马克思对股份公司在促进大规模建设铁路中所起的作用曾有过精辟的论述："假如必须等待积累去使某些单个资本增长到能够修筑铁路的程度，那么恐怕到今天世界上还没有铁路。但是，通过股份公司转瞬之间就把这件事情完成了。"（马克思：《资本论》）

　　此外，铁道部推动大秦铁路、广深铁路等公司公开上市，搭建融资平台，还发行铁路建设债券（图 5.6）、短期融资券

图 5.6　1998 年中国铁路建设债券发行仪式在北京举行

和中期票据等进行筹资。2009 年，在大额公司债券发行尚未开启的情形下，大秦股份公司和广深股份公司改发中期票据，2009 年两公司共发行中期票据 170 亿元。

2006 年，铁道部经国务院批准，运用市场机制还成功发行铁路建设债券 400 亿元，不仅超过前三年总和（2003—2005 年铁路建设债券共发行 130 亿元），也超过前十年批准发行的铁路建设债券总额（1995—2005 年共发行 286 亿元）。2007 年一年内，铁路建设债券成功发行累计 600 亿元，比 2006 年发行总额增加 200 亿元。仅 2008 年一年，铁道部通过发行各种债券、票据就成功融资达 1 100 亿元。

四、引进利用外资

中国铁路引进外资的途径有两种：利用外资贷款和组建中外合资公司。

从中国实行改革开放的第二年起，铁路就开始利用外资贷款，款源主要来自世界银行、亚洲开发银行、日本海外协力基金会及德国、英国、澳大利亚、奥地利、加拿大、西班牙等国的政府贷款。

2001 年 12 月，铁道部提出借"入世"契机，在扩大对外开放的新形势下继续做好利用外资工作。世界银行、亚洲银行和日本政府贷款是铁路利用国外贷款的主要渠道，占铁路利用国外贷款的 90% 以上。

2010 年内，实现外资项目支付 34 亿元人民币，还本付息 34.34 亿元人民币；由于还本付息及时，获得贷款机构和财政部的好评及财政部利费奖励资金 410 万美元。

从 2012 年 7 月 1 日起，外资项目正式进入北京市建设工程发包承包交易中心良乡隔夜评标区评标。《铁路利用外资项目货物招标采购实施细则》于 2013 年 1 月 1 日执行。

外资贷款在中国铁路修建以及电气化改造中发挥了作用，

图 5.7　青岛四方—庞巴迪—鲍尔公司，现在改名为四方庞巴迪公司（BST）　罗春晓摄

成为中国铁路网形成过程中的资金组成部分。

　　除了外资贷款外，我国还利用外资组建中外合资企业
（表 5.2）。

　　组建中外合资企业有利于提高铁路技术装备水平和产品档

表 5.2　中外合资企业案例

企 业 名 称	成立时间	主 要 业 务
卡斯柯信号有限公司	1985 年	铁路、地铁通信信号设备及适合中国和国际市场的为铁路、地铁服务的其他产品
北京南口斯凯孚铁路轴承有限公司	1994 年	铁路机车车辆用轴承产品的制造和销售
西门子信号有限公司	1995 年	设计、生产、销售铁路干线及城市轨道需要的信号设备和系统
大同爱碧玺铸造有限公司	1996 年	合资生产铸钢车轮
长春安达轨道车辆有限责任公司	1996 年	地铁、轻轨车辆及地铁车辆主要部件的开发、设计、制造、销售
青岛四方—庞巴迪—鲍尔铁路运输设备有限公司	1998 年	生产高档客车
青岛阿尔斯通铁路设备有限公司	1998 年	专门从事铁道机车车辆用油压减振器生产
株洲西门子牵引设备有限公司	1999 年	牵引设备

次，也有利于提高铁路企业的管理水平和经济效益。

五、民间资本进入高铁

中国实行的是公有制为主体、多种所有制经济共同发展的基本经济制度。党中央历来支持和鼓励民营企业发展，党的十八大以来中央出台一系列扶持民营经济发展的改革举措，依法保护民营企业权益，毫不动摇地鼓励、支持、引导民营经济发展，党的路线方针政策有益于、有利于民营企业发展。在这样的大背景下，民间资本开始进入高铁领域，其间虽有曲折，但已有了良好的开端。

以往，铁路以政府投资为主，现在民间资本丰富，而丰富的民资如果不加以引导，往往会流入房地产等泡沫较高的领域。如果能够吸引一部分民资投入实体产业，不仅是调整经济结构的需要，也是中国经济社会发展的需要。

铁路是国民经济的大动脉和关键基础设施，加快推进铁路建设，既利当前，又利长远，对稳增长、调结构、惠民生具有重要意义。同时，铁路总公司面临较大的债务负担，还本付息的压力逐渐加大，解决好铁路建设投融资问题十分迫切。铁路建设应该实现投资主体多元化，广泛吸引社会资本参与。

2005年2月，国务院下发了《关于鼓励支持和引导个体私营等非公有制经济发展的若干意见》（国发〔2005〕3号），提出"充分发挥中国铁路建设投资公司的投资杠杆作用，吸引个体、民营等非公有资本对铁路建设项目参股；积极争取国家对西部铁路等公益性铁路建设项目给予低息或贴息贷款政策，降低融资成本；有条件的合资铁路建设项目，也可以探索发行企业债券、可转换债券、设备融资租赁等多样化融资方式。贯彻平等准入、公平待遇原则，为非公有制经济参与铁路运输经营创造平等的政策环境"。2005年7月，铁道部为响应政府提出的支持非公有经济发展的政策精神，出台了《关于鼓励支持和引导非公有制经济参与铁路建设经营的实施意见》。但在当时，有意愿进入铁路市场的民间资本屈指可数。

2006 年 6 月，铁道部推出了《"十一五"铁路投融资体制改革推进方案》，明确表示铁路投资要遵循"政府主导、多元化投资、市场化运作"的原则。此后，外部资金进入铁路行业的案例开始出现。

国内首条民营铁路，从广东罗定至广西岑溪，被罗定人视为经济发展的"生命线"，原由天津一家公司负责建造。这条铁路于 2006 年底开工，全长 75.42 公里。这是我国建设"民营铁路"的初次尝试（图 5.8）。在这条铁路中，国有资本所占股份仅为 0.15%，剩余 99.85% 股份均为天津一家上市公司拥有。其中，国恒铁路公司是其建设方、运营方、业主单位。

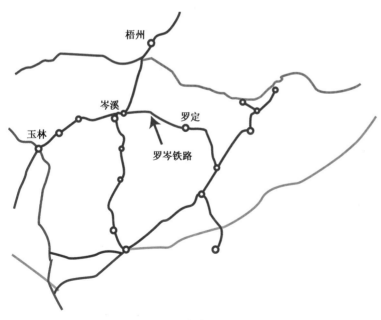

图 5.8　罗岑铁路区位图

按照项目计划，罗岑铁路将于 2009 年建成通车。但因为资金不到位，罗岑铁路在 2008 年 6 月份停工。而停工之前，铁路施工只完成了两处隧道中的极小部分，连罗岑铁路百分之一的工程量都不到。

由于资金紧张，国恒铁路 2009 年通过非公开发行股票，实际募集资金净额为 21.13 亿元。通过此次非公开发行，公司实现对罗岑铁路项目总投资 14.5 亿元，并重新规划了罗岑铁路的建设，原计划于 2011 年 12 月通车，但由于种种原因，这条铁路的建设继续被搁置至今。

2018 年 6 月，广东罗定、广西岑溪两市领导与粤桂罗岑铁路投资有限公司、中铁（罗定岑溪）铁路有限公司负责人达成共识，表示要加强合作，加快罗岑铁路复工建设步伐，全力推进罗岑铁路项目的各项工作落到实处。

尽管罗岑铁路尝试受挫，但国家在高铁建设上一直向民间资本打开大门。然而，2011 年 7 月 23 日发生的温州动车事故和相应的高铁政策调整，对当时已经和正准备进入的投资者产生了冲击。为了推行合资合作建路机制，调动各类资本投资参与铁路建设的积极性，铁道部出台了《关于鼓励和引导民间资本投资铁路的实施意见》(铁政法〔2012〕97 号)，正式宣布投资铁路向民间资本完全敞开大门。值得注意的是，这一次出台的意见提出了深入推进铁路投融资体制改革等 14 条具体措施。最令投资人关注的是，新规明确要求"鼓励和引导民间资本依法合规进入铁路领域"，并特别强调"对民间资本不单独设置附加条件"。

2012 年，铁路凭借实现各种协议共利用社会资本 500 多亿元，其中民间资本 150 亿元。特别是内蒙古西部至华中煤运通道项目开放吸引 11 家国企、民企参与投资建设，企业协议出资 380 亿元，比例近 70%，其中民间资本比例占 15.7%。

为吸引社会资本投资建设铁路，国家及有关部门又先后出台了多个专门文件。2013年8月，国务院出台《关于改革铁路投融资体制 加快推进铁路建设的意见》，提出全面开放铁路建设市场，鼓励社会资本投资建设铁路。明确向地方政府和社会资本放开城际铁路、市域（郊）铁路、资源开发性铁路和支线铁路的所有权、经营权，鼓励社会资本投资建设铁路。研究设立铁路发展基金，以中央财政性资金为引导，吸引社会法人投入。铁路发展基金主要投资国家规定的项目，社会法人不直接参与铁路建设、经营，但保证其获取稳定合理回报。将继续发行政府支持的铁路建设债券，并创新铁路债券发行品种和方式。

2014年9月26日，中国铁路发展基金股份有限公司注册成立。该基金公司注册资本596亿元，经营期限为15年，由中国铁路总公司作为政府出资人代表和主发起人，联合社会投资人以发起方式设立，作为铁路建设新的融资平台。按照国家发展改革委核准的铁路建设债券发行额度，全年发行铁路债券1 500亿元。

2015年7月10日，五部委出台《关于进一步鼓励和扩大社会资本投资建设铁路的实施意见》，为进一步鼓励和扩大社会资本对铁路的投资，出台28条支持政策。

2015年12月28日，《国家发展改革委关于做好社会资本投资铁路项目示范工作的通知》（简称《通知》）发布，《通知》公布了首批8个社会资本投资铁路示范项目（表5.3）。根据《通知》，示范目的为打通社会资本投资建设铁路"最后一公里"，发挥社会资本投资铁路的示范、带动作用，探索并形成可复制推广的成功经验。这8个项目涵盖高速铁路、城际铁路和地方铁路等，涉及山东、湖北、浙江、重庆等7省市。

表 5.3　社会资本投资铁路示范项目

序号	项目名称	所在省（区）	项目类型
1	济南至青岛高速铁路	山东	
2	武汉至十堰铁路	湖北	高速铁路
3	杭州至温州铁路	浙江	
4	廊涿城际铁路	河北	
5	重庆主城至合川铁路	重庆	城际铁路
6	合肥至新桥机场至六安铁路	安徽	
7	杭绍台城际铁路	浙江	
8	三门峡至禹州铁路	河南	地方铁路

2016 年 8 月，国家发展改革委发布了《国家发展改革委关于切实做好传统基础设施领域政府和社会资本合作有关工作的通知》，就进一步做好传统基础设施领域政府和社会资本合作（PPP）相关工作、积极鼓励和引导民间投资提出了具体要求。

杭绍台城际铁路是我国首条由社会资本控股的高铁线路。2016 年底，我国首批铁路 PPP 示范项目之一的杭（州）绍（兴）台（州）铁路建设正式开工。浙江省政府与复星集团牵头的民营资本联合体，签署了杭绍台铁路政府和社会资本合作项目投资合同，该项目总投资约 448.9 亿元，由民营资本、中铁总公司、浙江省交投集团、沿线地方政府共同出资成立业主公司。值得一提的是，民营资本占股 51%，成为绝对控股。项目建成后，杭州都市区与温台城市群的快速联络将得以实现。杭州经绍兴至台州铁路示意图如图 5.9 所示。

2015 年 11 月，国家发展改革委、交通部将杭绍台铁路项目列入长三角城际轨道交通项目。同年 12 月 28 日，国家发展改革委正式将杭绍台铁路列入全国"社会资本投资铁路示范项目"名单。2016 年 11 月，杭绍台铁路项目正式核准，并于年底开建先行段。2017 年 9 月 11 日，浙江省政府与复星集团牵

图 5.9　杭州经绍兴至台州铁路示意图

头的民营资本联合体签署杭绍台铁路政府和社会资本合作项目投资合同。

　　浙江省发展改革委发布《关于新建杭州经绍兴至台州铁路全线初步设计的批复》。根据批复，杭绍台铁路新建正线从绍兴北站开始至温岭站，速度目标值每小时350公里，沿途共设8个车站。新建的杭绍台铁路起于绍兴北站，沿途经过嵊州、新昌、天台、临海后到达台州中心站，然后继续南下，终到温岭，新建正线全长226.556公里。

　　按照国务院关于改革铁路投融资体制的有关政策，实施新建铁路分类建设。总公司重点抓好跨区域的路网干线建设项目，支持地方政府和社会资本投资建设城际铁路、市域（郊）铁路、资源开发性铁路和支线铁路。通过发行铁路建设债券、

中期票据、短期融资券等方式，筹集建设资金。研究设立铁路发展基金，以中央财政性资金为引导，吸引社会法人投入。铁路发展基金主要投资国家规定的项目，社会法人不直接参与铁路建设、经营，但保证其获取稳定合理回报。

从实际推进中的铁路 PPP 项目来看，当前我国铁路建设向社会资本开放的重点是城市群内相邻城市间的城际铁路。

【知识链接】高速铁路与城际铁路的交集

国家铁路局批准发布铁道行业标准《高速铁路设计规范》与《城际铁路设计规范》，分别自 2015 年 2 月 1 日与 2015 年 3 月 1 日起开始实施。

《高速铁路设计规范》与《城际铁路设计规范》是在系统总结我国时速 250～350 公里高速铁路与时速 160～200 公里城际铁路建设、运营实践经验基础上总结提炼后，正式发布的我国第一部高速铁路与城际铁路的设计行业标准，为中国发展高速铁路与城际铁路以及实施铁路"走出去"战略提供系统规范、成套的中国铁路标准。

根据 2013 年 8 月 17 日李克强总理签发的《铁路安全管理条例》第 107 条规定："本条例所称高速铁路，是指设计开行时速 250 公里以上（含预留），并且初期运营时速 200 公里以上的客运列车专线铁路。"而根据国际铁路联盟（UIC）的定义，高速铁路是指通过改造既有线路（直线化、轨距标准化）使运营速度达到 200 公里 / 小时以上，或专门修建高速新线，使运营速度达到 250 公里 / 小时（客货共线运营线路）或 300 公里 / 小时（客运专线）以上的干线铁路系统。然而，UIC 在实际操作时，往往将速度 200 公里 / 小时及以上的铁路全都统计为高速铁路，无论是新建或是改建。这是语言具有模糊性的具体表现。

城际铁路是在城市群内相邻城市之间开行的客运铁路。城际铁路在不同国家、不同阶段、不同学术领域有不同规定。根据《城际铁路设计规范》，我国城际铁路是指专门服务于相邻城市间或城市群内，旅客列车设计速度 200 公里 / 小时及以下的快速、便捷、高密度客运专线铁路。与高速铁路相比，城际铁路在功能定位、内在技术特点和运营管理模式等方面存在显著差异，一般具有区域性、短距离的特点，大多采用高密度、小编组、公交化运输组织模式。

然而，在实际操作中，高速铁路与城际铁路之间存有交集：按其功能，属于"专门服务于相邻城市间或城市群内"的城际铁路；然而按其运营速度，则为"时速 250～350 公里"的高速铁路。例如，已经建成投入运营的京津城际铁路，正在建设的京雄城际铁路（北京至雄安新区）、京张高铁（图 5.10）等。对于这种具有双重属性（交集）的铁路，在项目立项时或在投入运营后进行统计时就犯了难，往往只能二者取其一，有时称它为城际铁路，有时则称它为高速铁路。

图 5.10 京张高铁桥梁施工

产生这种现象的原因是完全基于客运的实际需求。如京雄城际虽然属于城际铁路范畴，全长只有92.783公里，全线设5座车站，但从黄村至北京新机场设计时速为250公里/小时，而从北京新机场至雄安新区设计时速为350公里/小时，论其运营速度又属高速铁路范畴。解决问题的关键在于最高运营速度与站间距之间的匹配。《城际铁路设计规范》提出，城际铁路的站平均间距宜为5～20公里；而我国高速铁路的平均站间距宜为30～60公里。如京沪高铁的平均站间距为59.9公里，因此，其旅行速度与最高运营速度之比高达84%。

人脑的精度虽远没有电脑高，但人脑善于处理模糊信息，这正是电脑所做不到的。

杭绍台高铁项目民资占股51%，运营30年后无偿移交。负责杭绍台高铁项目具体实施的是复星集团旗下的星景资本。杭绍台高铁项目投资448.9亿元，其中，由复星集团牵头的8家民营企业组成的联合体占股51%，中国铁路总公司占比15%、浙江省政府占比13.6%、绍兴和台州市政府合计占比20.4%。社会资本首次在铁路投资领域实现绝对控股。该项目合作期为34年，其中预估建设期4年，运营期30年。项目采用PPP模式运营，由项目公司全权负责杭绍台铁路的投资、融资、建设、运营及维护，运营期满后无偿移交浙江省政府或浙江省政府指定机构。这也是首次采用PPP模式建造运营的高铁项目，对于拓宽铁路投融资渠道、完善投资环境具有重大示范意义。杭绍台高铁开创了民资控股高铁的先河，再次激起了民资对投资高铁的关注。

根据《中国经营报》报道，在项目公司51%的控股民资中，联合体各方根据认购份额出资并按认购比例享有权益。联合体具体占比为：复星商业占55.7%，星景资本占0.1%，宏润建设集团公司占25%，万丰奥特集团公司占15%，浙江省基投集团公司占 2%，众合科技有限公司占 2%，平安信托、平安财富各占 0.1%。目前，杭绍台铁路已经开工，根据此前的计划预计于 2021 年底建成。

投下的钱能收回来么？

PPP 本身的回报方式除了使用者付费之外，还依赖于财政补贴。

杭绍台高铁项目经过测算，民营联合体能获得长期稳定的收入，不过回报率并不高。其中收入包括使用者付费即线路使用费、接触方使用费、广告等，另外还有政府的补贴，这部分已经在招标中明确规定，复星集团将根据绩效使用情况获得补贴。

整个铁路还将为复星带来巨大的产业价值，除了日常运营和周边开发带来的收入外，还有多方位的回报来源。复星可以利用这条铁路线植入自身产业；也可以通过投资一条高速铁路参与到整个高铁产业链的投资中，比如对产业链上下游企业的股权投资，也会带来资本市场收益。在复星与当地政府的谈判中，地方政府将允许复星优先参与沿线土地的开发。

作为保底，最后还有地方政府的扶持。如果铁路运行后运输车次达不到双方制定的标准，地方政府将为民资联合体提供补贴。

事实上，为了打消民企顾虑，在运营期前 10 年，政府会提供一笔可行性缺口补贴，具体金额通过与社会投资人磋商确定。这笔钱不是固定的，将根据约定列车开行对数、超额收入分配等回报加以调整。

即便如此，因为涉及的投资额太大了，更多的民营资本仍处于观望状态。但随着杭绍台高铁的获批，国内首条民资控股铁路正式驶入了轨道，民间资本朝着"高铁梦"靠近了一大步。这次尝试意义非同寻常，如果成功，将成为民资进入高铁行业的典范。

【知识链接】PPP 模式

为适应现代经济的快速发展，各国十分重视公共基础设施的建设，但是单靠政府资金已不能满足需求，民营企业在公共基础设施的建设中开始发挥越来越重要的作用。

PPP 模式即"Public-private partnership"的字母缩写，即政府和民营企业合作，是公共基础设施建设中的一种项目运作模式；或是为了提供某种公共物品和服务，以特许权协议为基础，彼此之间形成一种伙伴式的合作关系，并通过签署合同来明确双方的权利和义务，以确保合作的顺利完成，最终使合作各方达到比单独行动更为有利的结果。PPP 项目融资主要是根据项目的预期收益、资产以及政府扶持措施的力度等来安排融资。PPP 模式可以使更多的社会资本参与到项目中，并且降低融资难度和风险，同时也能在一定程度上保证民营资本的"有利可图"。

PPP 模式是公共基础设施建设中发展起来的一种优化的项目融资与实施模式，这是一种以各参与方的"双赢"或"多赢"为合作理念的现代融资模式。1992 年英国最早应用 PPP 模式。英国 75% 的政府管理者认为 PPP 模式下的工程能达到或超过建设成本与质量关系的要求，可节省 17% 的资金。按照英国的经验，适于 PPP 模式的工程包括：交通（公路、铁路、机场、港口）、卫生（医院）、公共安全（监狱）、国防、教育（学校）、公共不动产管理。智利、葡萄牙、巴西等国先后引用 PPP 模式，提高了基础设施现代化程度，并获得充足资金投资于社会发展计划。

目前，在个人消费品领域，存在着产能过剩；但在公共消费品领域面临的状况正好相反，存在严重供给不足。公共产品包括公共服务供给不足的主要原因，在于长期以来公共产品主要依靠财政投资；然而地方财力有限，投入不足，导致供给不足。通过政府和社会资本合作模式，财政资金对社会资本形成鼓励和诱导，能够有效地把社会资金引导到公共产品的投资上来。

通过政府和社会资本合作，把政府应该做的事交给企业，能够有效弥补公共产品供给短板。在当前需求不足、投资增速下降的情况下，启动公共产品投资，对拉动经济增长具有重要意义。环保、医疗、教育、养老、交通、信息、文化等领域，都有大量群众渴望解决的问题。许多地方政府都有为群众做实事、做好事的愿望，但是苦于缺少资金。如果恰当利用政府和社会资本合作模式，政府和群众的愿望就能实现；大量社会闲置资金也能找到投资出路，避免对股市、房市形成冲击。

但是目前社会资本对与政府合作还存在疑虑，社会资本更多关心的是营利性而不是公益性，与政府项目的公益性目的存在冲突。另外双方合作项目一般周期比较长，社会资本担心如果退出机制不灵活就会影响资本的使用效率。此外，社会资本也比较担心政府的诚信是否会受换届的干扰。因此，要增加对社会资本的吸引力，就必须规范政府和社会资本的合作，特别是从法律层面给予社会资本以与地方政府平等的地位，并从融资渠道等方面对社会资本给予帮助。

针对地方政府债务管理、政府和社会资本合作规范发展管理，财政部在近几年已提出了一系列政策要求，全国金融工作会议、国务院常务会议也做出过专门部署。总体目标是推动公共服务领域供给侧结构性改革，引入市场的机制和资源，提升管理能力，以促进公共服务提质增效。

为了实现政府和社会资本合作模式的规范化发展，就要做好规范的政府和社会资本合作项目，这样才能为发展注入持久的动力和活力。这需要我们在风险共担、利益共享、预算管理、绩效管理、信息公开等方面，不折不扣地执行有关规定，坚持规范地运作政府和社会资本的合作项目。

首先，应完善法规政策体系，加强顶层设计。需要加快推进 PPP 条例制定，完善要素市场化定价机制。第二，规范

管理，严格控制风险。完善风险分担机制，防止风险不合理转移。第三，全面实施绩效管理，提高经济运行质量。完善按效付费机制，优化全寿命周期一体化管理。第四，营造公平有序环境，提高社会资本参与度。要清理废除妨碍统一市场和公平竞争的各种规定和做法，提高市场透明度，提高市场整体运行效率。

回顾以往，铁路投融资体制改革取得了以下成效：

1. 投资主体由单一化向多元化转变，开始形成铁路投资的多元化格局。

2. 铁路运输企业开始进行建立现代企业制度的探索，铁路运输企业承担资产经营责任。原铁道部改制为中国铁路总公司，其所属的18个铁路局完成了公司制改革，一部分国家铁路企业改制为境内外上市的股份制铁路公司，还成立了许多国家铁路控股、参股的合资铁路公司与混合所有制公司。

3. 小型项目资金以及基本建设概算外的外资贷款使用由无偿向有偿转变，由铁路局作为投资主体承担投资风险责任，形成了资金有偿使用、滚动发展的运行机制。

4. 铁路建设普遍实行了法人责任制、建设项目资本金制度，建设项目普遍实行施工监理制和招标承包制。

5. 开始利用资本市场融资，使用了发行股票、债券等手段。

6. 允许外商以及民间资本投资铁路。

第六章

标准化战略

第 39 届国际标准化组织（ISO）大会于 2016 年 9 月在北京召开，大会的主题是"标准促进互联互通"。

从中国古代的"车同轨、书同文"，到现代工业规模化生产，都是标准化的生动实践。伴随着经济全球化深入发展，标准化在便利经贸往来、支撑产业发展、促进科技进步、规范社会治理中的作用日益凸显。标准已成为世界"通用语言"。世界需要标准协同发展，标准促进世界互联互通，建设人类命运共同体。

标准作为一个国家实力的综合体现，越来越受到重视。中国铁路标准化是推动我国铁路高质量发展的必要条件，也是推动中国标准"走出去"、帮助中国铁路企业和相关产品在更大范围进入国际市场的重要前提。本章讨论我国标准化工作的发展历程、分析铁路标准化的主要任务，解读我国铁路的标准化战略。

【知识链接】"车同轨、书同文"

公元前 221 年，秦始皇统一六国后，为巩固国家的统一，就着手统一交通规制和文字，并加以实施。统一交通规制，即规定车轴上两个轮子间的距离，一律都定为 6 尺（约合 1.5 米），另外还修筑从京城咸阳到全国各个重要地区的大路，路面宽度一律定为 50 步（每步为 6 尺），以此加强中央和地方的联系，并促进商业往来和文化交流。统一文字，即以大篆为基础，加以简化，并汲取战国末期诸国文字的优点，创制了被后人称为"小篆"的文字书写新方式，作为官方文字在全国推行；除小篆外，秦始皇还倡导另一种书体——隶书（即秦隶），隶书笔画方折平直，书写起来比小篆更为简便。统一交通规制和文字在当时被称为"车同轨、书同文"。

一、从"车同轨"到中国标准动车组

标准化与中国的古代文明有着天然的联系,"车同轨、书同文"有利于秦始皇巩固国家的统一。如今,历史的车轮已走过 2 200 多个年头。中国改革开放之前,市场主体活力未能充分发挥,阻碍了标准化工作的有效开展,也影响了标准化作用的充分发挥。改革开放之后,这种情况开始改变,到 2001年,中国成立国家标准化管理委员会,强化标准化工作的统一管理与深化改革。我国相继成为国际标准化组织(ISO)、国际电工委员会(IEC)常任理事国及国际电信联盟(ITU)理事国,主导制定国际标准的数量正在逐年增加。

图 6.1 "复兴号" CR400BF 量产车驾驶台 罗春晓摄

从横向比较看,我国的标准化工作还存在标准缺失、老化、滞后等不足。即使在标准相对完备的工业领域,标准缺失现象也不同程度存在;我国国家标准制定周期平均为 3 年,很难满足产业快速发展的需要;标准更新速度较慢,"标龄"高出德、美、英、日等发达国家 1 倍以上;我国主导制定的国际标准仅占国际标准总数的 0.5%,"中国标准"在国际上的认可度还不高；国际上通行的团体标准在我国还没有法律地位，市场自主制定、快速反应需求的标准不能有效供给；即使是企业自己制定、内部使用的企业标准，也要到政府部门履行备案甚至审查性备案，企业能动性受到抑制，缺乏创新和竞争活力；尚未形成多部门协同推动标准实施的工作格局。为了切实转变政府标准化管理职能，深化标准化工作改革，2015 年国务院印发了《关于深化标准化工作改革方案的通知》(国发〔2015〕13 号)(以下简称《通知》)。

《通知》强调，要培育发展团体标准，放开搞活企业标准，激发市场主体活力，以市场自主制定标准的增量带动现行标准的存量改革。建立政府主导制定的标准与市场自主制定的标准协同发展、协调配套的新型标准体系，形成政府引导、市场驱动、社会参与、协同推进的标准化工作格局。

政府主导制定的标准精简为 4 类，即强制性国家标准和推荐性国家标准、推荐性行业标准、推荐性地方标准；市场自主制定的标准分为团体标准和企业标准。政府主导制定的标准侧重于保基本，市场自主制定的标准侧重于提高竞争力。

为了有效解决标准缺失滞后老化问题，需要培育发展团体标准、放开搞活企业标准。

鼓励具备相应能力的学会、协会、商会、联合会等社会组织和产业技术联盟协调相关市场主体，共同制定满足市场和创新需要的标准，供市场自愿选用，增加标准的有效供给。在标准管理上，对团体标准不设行政许可，由社会组织和产业技术联盟自主制定发布，通过市场竞争优胜劣汰。国务院标准化主管部门会同国务院有关部门制定团体标准发展指导意见和标准化行为规范，对团体标准进行规范、引导和监督。在工作推进上，选择市场化程度高、技术创新活跃、产品类标准较多的领域，先行开展团体标准试点工作。支持专利融入团体标准，推动技术进步。

对于企业标准，企业可根据需要自主制定、实施企业标

准。鼓励企业制定高于国家标准、行业标准、地方标准，具有竞争力的企业标准。建立企业产品和服务标准自我声明公开和监督制度，逐步取消政府对企业产品标准的备案管理，落实企业标准化主体责任。鼓励标准化专业机构对企业公开的标准开展比对和评价，强化社会监督。

为了提高标准的国际化水平，要鼓励社会组织和产业技术联盟、企业积极参与国际标准化活动，争取担任更多国际标准组织技术机构的领导职务，增强话语权。加大对国际标准的跟踪、评估和转化力度，加强中国标准外文版翻译出版工作，推动与主要贸易国之间的标准互认，推进我国优势、特色领域标准的国际化，创建中国标准品牌。结合海外工程承包、重大装备设备出口和对外援建，推广中国标准，以中国标准"走出去"带动我国产品、技术、装备、服务"走出去"。与此同时，进一步放宽外资企业参与中国标准的制定。

《通知》提出，到 2020 年，我国将基本建成结构合理、衔接配套、覆盖全面、适应经济社会发展需求的新型标准体系：理顺并建立协同、权威的强制性国家标准管理体制；政府主导制定的推荐性标准限定在公益类范围，形成协调配套、简化高效的推荐性标准管理体制；市场自主制定的团体标准、企业标准发展较为成熟，更好满足市场竞争、创新发展的需求；参与国际标准化治理能力进一步增强，承担国际标准组织技术机构任务和担任领导职务的数量显著增多，与主要贸易伙伴国家标准互认数量大幅增加。我国标准国际影响力不断提升，已迈入世界标准强国行列。

当前，我国已建立了由国务委员担任召集人、39 个部门参加的标准化协调推进部际联席会议制度，进一步完善了统一管理、分工负责的标准化工作机制。与有关部门、地方政府及广大企业一道，大力开展"标准化＋"行动，建立了覆盖一、二、三产业和社会事业各领域的标准体系，国家标准、行业标准和地方标准总数超过 12 万项，企业标准超过百万项，标准化对经济社会发展的技术支撑作用日益明显。

我国不断深化标准化工作改革。国务院出台了《深化标准化工作改革方案》和《国家标准化体系建设发展规划（2016—2020年）》，编制了《装备制造业标准化和质量提升规划》和《消费品标准和质量提升规划》。通过大力整合精简强制性标准，优化完善推荐性标准，培育发展团体标准，放开搞活企业标准，建立企业标准自我声明公开和监督制度，努力将政府单一供给的现行标准体系，转变为由政府和市场共同制定标准的新型标准体系。

我国不断提高标准化开放水平。中国参加了包括ISO、IEC、ITU在内的世界主要标准组织，是90%以上ISO技术委员会的积极成员，ISO国际标准化投票率连续多年保持98%以上。鼓励中国企业和科研机构参与国际标准化工作，积极消化、吸收、融合国际标准和国外先进标准，欢迎外资机构参与我国标准化工作。目前，已有350多个技术委员会吸收了大约1 000家外资机构参与标准制定。与34个国家和地区签署了60个合作协议，积极推动双边、多边标准协作互认。中国工业和通信业领域已承担了40余个国际标准化技术组织

图6.2　动车调试标准化的高速动车组　罗一童摄

秘书处工作，担任技术组织领导职务 140 余人次，已有超过 129 项我国提出的提案被 ISO 等国际标准化组织正式批准成为国际标准；同时，中国积极采用和转化国际标准，转化率已达 73.4%，基本实现了与国际接轨；正在强化与"一带一路"沿线国家的标准化合作，已形成优势互补、合作共赢的良好局面。

我国不断强化标准化基础能力。参照国际通行规则，建设高水平、广覆盖的全国专业标准化技术委员会 1 200 多个，技术专家近 5 万名。组建了国家标准化工作的最高智库——中国标准化专家委员会，各级标准化研究机构超过 270 个。大力发展标准化事务所等新业态，提供优质便捷的标准化服务。同时，加强标准同计量、认证认可、检验检测的紧密合作，共同打造坚实的国家质量技术基础。

通过多年的不懈努力，中国各级政府、广大企业和社会公众的标准化意识显著增强，参与国内和国际标准化活动的积极性持续高涨，标准化工作的地位和作用不断提升，中国标准化事业迎来了前所未有的发展机遇。

我国将大力实施质量强国战略、标准化战略，全面提高标准化工作水平，开展标准的国际交流合作，与世界各国一道，共建标准、共享发展，让标准造福中国、联通世界，为经济复苏提供新动能。为此，我国将采取以下举措：

第一，开展"标准化＋"行动，深化标准应用。主动顺应国际标准化发展趋势，将标准逐步融入产业发展、科技进步、社会治理、气候变化、公共安全和反恐、反欺诈等经济社会发展各个领域，发挥标准的催化效应、引领效应、门槛效应和倍增效应，不断提升标准化工作成效。

第二，提高标准一致性水平，提升供给质量。推动中国标准与国际标准、国外先进标准接轨，促进内外销产品"同线同标同质"，实现国内外消费市场"双满意"。面对未来，更高水平的中国标准必将带来更高质量的中国制造，带来更加便利的口岸通关，也必将为全球消费者提供更高层次的产品和服务。

第三，推动标准联通"一带一路"，增进交流合作。"一带一路"致力于建立和加强沿线各国互联互通伙伴关系。欢迎各国参与《标准联通"一带一路"行动计划》，加强农业、基础设施、新兴产业、信息通信等重点领域的标准化交流和互认，促进各国共同繁荣。

第四，支持发展中国家标准化工作，共享发展成果。大力支持国际标准化组织实施2016—2020年战略规划，特别是为发展中国家提供更有针对性的人员培训和技术支持，提升实质性参与国际标准化的能力。我国将主动与发展中国家交流和分享经验、技术和资源，让更多国家共享国际标准化的发展成果。

第五，围绕推动国际产能与装备制造合作，加强各国技术标准协调与互认，促进产业链上下游标准对接。处理好标准共享与专利保护的关系，既加大国际标准采用力度，推动贸易和投资自由化、便利化，又要反对贸易保护主义，防止标准滥用，减少技术壁垒，促进世界经济复苏。

李克强总理称国际标准化组织为"技术联合国"。我国将在ISO这个国际大家庭中，认真践行《北京宣言》，不断扩大标准"朋友圈"，加快标准共建共享，促进世界互联互通，为增进全人类的共同福祉作出贡献。

企业要争做标准的领跑者，将不断升级的标准与富于创新的企业家精神和精益求精的工匠精神更好地结合起来。

二、把关键技术转化为标准和规范

"三流企业出产品，二流企业出品牌，一流企业出标准。"这句话揭示了标准举足轻重的影响力。一流企业要善于把关键技术转化为行业标准和规范。一个新标准的生效，会影响到上下游一系列产业，维护本国优势产业的有效手段之一就是从技

术标准入手。在中国企业"走出去"的过程中,"中国标准"应该如影随行。

早在20世纪90年代独立研发高铁技术初期,中国铁路就重视把关键技术及时转化为标准和规范。1994年建成广深"准高速",设计时速为160公里;1997年开始三大干线第一次提速,达到时速140公里;1998年第二次提速,三大干线达到时速160公里,并在郑(州)武(汉)段开展综合试验,最高时速达240公里,综合以上成果,中国铁路形成了"既有线提速标准"。

结合"八五""九五"攻关成果,又形成了时速200～250公里高铁设计标准。我国第一条客运专线秦沈客运专线,就是在这一标准的指导下进行设计的。

在"九五"期间的国家科技攻关课题中,研究高速铁路技

图6.3 整车试验室职工检修标准化的高铁列车车辆 罗一童摄

术标准和动车组列车技术标准的专题赫然在目。

从 2012 年开始，中国铁路总公司开展了"中国标准"动车组研制工作。中国幅员辽阔，地质、地形复杂，气候多种多样，中国的高铁标准具有更大的覆盖面和兼容性。高铁"中国标准"正逐渐与"欧标""日标"一起，进入人们的视野。

为进一步打造先进成熟、科学完善、经济适用的铁路成套技术标准体系，中国铁路总公司于 2018 年 8 月发布了 28 项重要技术标准。铁路总公司技术标准的编号以 Q/CR 开头，标准性技术文件编号以 TJ 开头，铁路总公司技术标准、标准性技术文件与铁道国家标准、铁道行业标准一起组成了铁路总公司技术标准体系。在铁路总公司范围内，总公司技术标准和标准性技术文件应严格执行。

铁路总公司对需要在总公司范围内统一的产品、技术、设备、工艺要求等制定总公司技术标准；对于符合要求，但技术指标需进一步验证的，一般要先制定标准性技术文件。标准性技术文件在使用一定时间后，将根据需要转化成相应的技术标准。截至 2018 年 7 月，现行有效铁路总公司技术标准共 791 项，标准性技术文件共 854 项。

从 1957 年铁道部第 1 项标准发布到 1980 年的 23 年间，累计发布铁道行业标准 1 173 项、铁道国家标准 27 项，平均每年新增标准约 52 项。由于这一时期的大部分时间国家的政治经济形势不稳定，铁道行业标准的制修订工作也受到一定影响，是发展较慢的时期。这一时期制定的标准主要是机车车辆基础和通用零部件标准、蒸汽机车产品标准和工务工程产品标准。

1981 年至 1990 年间，是我国实行改革开放、国民经济快速发展的时期，铁道行业标准发布到 2177 号、国家标准累计达到 101 项，与 1980 年相比铁道行业标准数量增加了 1 004 项、国家标准数量增加了 49 项，平均每年新增标准约 105 项。

1991 年至 2001 年间，铁道行业标准发布到 3024 号、国家标准数量累计达到 156 项，与 1990 年相比铁道行业标准数

图 6.4　雾凇前的哈大高铁 CRH380B 型 G 动车，高寒车　罗春晓摄

量增加了 847 项、国家标准数量增加了 55 项，平均每年新增标准 82 项。在这 11 年中，铁道标准制修订工作得到了稳定的发展，采标工作也得到了较快的发展。

"十二五"以来，伴随着铁路改革发展进程，铁路标准化工作取得了显著成绩，特别是高速铁路建设和装备标准的发展完善，为保障铁路建设和运营安全、促进铁路科技创新和产业升级、服务铁路"走出去"发挥了重要支撑作用：

——标准体系建设成效显著。为适应铁路建设、运营实际需求，满足标准在质量控制、安全保障、技术创新、环境保护等方面的要求，经过不断发展，已经基本建成了系统的铁路标准体系。标准体系适应高速、城际、客货共线和重载等不同类型铁路特点，满足各种地质地形、气候条件和运输需求。标准体系涵盖机车车辆、工务工程、通信信号、牵引供电、运营服务等专业的产品及工程建设标准，系统规划和指导标准制修订工作。"十二五"期间共发布实施 374 项铁道国家标准和铁道行业标准，为我国铁路的设计施工、装备制造和安全运营提供有力的技术支撑。2013 年铁路政企分开后，国家铁路局组织对既有及在编铁路标准进行全面梳理，完成了 2 700 多项铁路标准的梳理、分类，明确了管理界面，为构建国家标准、行业标准与企业标准相互补充、有机结合的铁路标准体系奠定了基础。

——标准水平显著提升。随着我国铁路的迅速发展，经过多年来技术创新和实践经验的积累，铁路标准日益完善。铁路工程建设标准在复杂地基处理、长大桥梁工程、长大隧道、轨道工程、牵引供电、通信信号、大型客站等方面不断取得突破，指导建成了京津、京沪、京广、哈大等一批设计时速350公里、具有世界先进水平的高速铁路。伴随着大秦铁路、青藏铁路等工程的建设实践，重载和高原铁路标准探索取得新进展。铁路产品标准在动车组、列控系统、轨道结构、运营调度等关键标准方面取得突破，提高了设备质量和系统稳定性，技术装备安全可靠性水平进一步提升。

——标准规范市场的作用明显。铁路标准规定了进入铁路市场的基本要求，在保障人民生命财产安全的基础上，提高了工程建设与装备的安全和质量水平，发挥了标准的技术基础作用。强化了环境保护、节能降耗等政策要求，进一步规范了市场规则。铁路工程建设标准强调了勘察、设计、施工及验收等环节的基本要求，确保了铁路工程的质量"底线"；铁路产品标准突出了安全可靠性技术要求，明确了质量性能指标和试验检验方法，保障了铁路产品的基本品质。

——标准国际化步伐加快。积极参与国际标准化组织、国际电工委员会、国际铁路联盟相关活动，主持或参与国际标准制定工作，争取在国际标准化组织中的话语权。2012年成立的国际标准化组织铁路应用技术委员会（ISO/TC269）共开展了5项国际标准制定工作，我国参与制定5项；国际电工委员会轨道交通电气设备与系统技术委员会（IEC/TC9）方面，我国主持制定9项、参与制定78项IEC国际标准；国际铁路联盟方面，我国主持制定20项、参与制定18项UIC国际标准。我国成功承办ISO/TC269第4届全体大会，中国铁路专家和机构担任了机车车辆分委员会副主席职务并承担了基础设施分委员会联合秘书处工作，实现了中国铁路在国际标准化领域的

又一次突破。为推动中国铁路"走出去"和促进我国标准国际化，组织开展我国铁路标准翻译工作，发布《高速铁路设计规范》等铁路标准英文版135项。

——标准管理逐步规范。制定了一套铁路工程建设和产品技术标准管理制度，明确了各方职责、工作程序、工作内容及工作重点，完善了政府、标准化技术机构、企业各司其职的标准化工作机制，指导和规范了铁路标准管理工作。注重发挥标准承担单位在人才、技术、组织、协调等方面的优势，加强标准编制过程管理和质量控制，标准编制水平明显提高。及时将铁路建设、运营实践和科技创新成果转化为铁路标准，标准编制的针对性和时效性明显提升。

——标准化工作保障力度不断加强。随着标准对规范社会经济活动作用的不断增强，以及社会对标准重要性认识的不断提高，越来越多的科研院所、企业的技术人员参与到铁路标准化工作中来。伴随着铁路多年的建设和运营实践，以及铁路标准不断发展，通过主持和参加铁路标准的研究、编制、评审、宣贯和实施，培养和造就了一大批铁路标准化人才。标准化人才的专业知识、专业结构、业务经验、工作方法等方面得到极大充实和完善，参与标准化工作的人员数量不断增加、专业覆盖面越来越全，为铁路标准化发展提供了有力的人才支撑。积极开展铁路标准体系和重要标准研究等一系列标准科研工作，为铁路标准的制修订工作提供了技术支持。

在取得以上成绩的同时，铁路标准化工作还存在不足之处，与国家深化标准化工作改革要求和行业发展需求还存在差距。标准化战略思考和顶层设计比较薄弱，标准体系有待进一步完善，标准在保障安全质量、促进科技创新、适应市场需求等方面的基础支撑作用仍需强化，标准化国际贡献度和影响力与发达国家相比仍存在差距，标准化人才队伍建设有待加强。

国家铁路局对"十三五"期间铁路标准化工作提出了一系列新要求。

　　从国际看，世界多极化、经济全球化不断深入，高新技术的规模扩张使世界范围内的标准竞争愈演愈烈，抢占新的国际竞争制高点迫在眉睫。从国内看，在经济发展新常态下，加快标准化体系建设，对于促进产业转型升级和经济提质增效、保障人民生命财产安全、构建开放型经济新格局、服务国家总体外交战略，具有重要的技术支撑作用。从铁路看，路网规模的快速扩充、多条高速铁路的开通运营、新技术和新设备的大量投用等都对标准化工作提出了更高的要求，实施国家标准化战略，是促进铁路改革发展、推动中国铁路"走出去"等的深层次需要。

　　——支撑国家重大发展战略实施。"一带一路"、京津冀协同发展、长江经济带等国家重大发展战略实施，推动更大范围、更高水平、更深层次的区域协同合作以及实现我国从制造大国向制造强国转变，需要充分发挥标准通用技术语言的作用，支撑互联互通建设，助力快速畅通铁路大通道的形成。同时铁路装备作为高端装备制造业重要一环，需要动态完善优化铁路装备标准，促进我国铁路装备制造水平整体提升。

　　——落实全面深化改革目标任务。党的十八大和十八届三中全会明确要求政府要加强标准制定和实施。国务院印发《深化标准化工作改革方案》，明确了我国标准化改革总目标。铁路在实现政企分开改革后，标准化工作要贯彻落实深化改革要求，需要建立政府主导制定的标准与市场自主制定的标准协同发展、协调配套的新型标准体系，处理好政府与市场、政府与社会的关系，坚持放管结合，形成符合国情、科学高效、协同推进的铁路标准化工作格局，有效支撑中国铁路建设和发展。

　　——促进行业自身发展。"十三五"时期依然是铁路建设发展的高峰期，打造以"八纵""八横"通道为主干、城际铁路为补充的高速铁路网，保障铁路建设、运营安全质量，适应市场需求，改善投资效益，需要充分发挥标准的"门槛"和"耦合器"作用。一方面，通过标准，规定技术"底线"，保障进入铁路建设、运营市场的技术和产品，符合质量、安全、卫

生、环保、能效以及综合交通等要求，为铁路工程和产品质量监督、产品市场准入提供客观公正、科学适用的技术依据，加快淘汰落后产能，起到规范市场秩序的作用；另一方面，通过标准有效协调供给与需求关系，促进铁路科技创新和专业化生产，降低风险和成本，提高全要素生产率。

——助推铁路"走出去"。当前和今后一段时期，许多国家都迫切需要通过大型基础设施建设拉动经济增长，铁路国际市场前景广阔。我国铁路特别是高速铁路发展对世界铁路发展产生了重要影响，为我国铁路"走出去"提供重要发展机遇。国家高度重视铁路"走出去"，把铁路作为响应"一带一路"倡议的重要领域和优先方向，必然要求我国铁路实质深度参与国际标准化工作，充分反映国家利益和技术要求，加快铁路标准向国际标准转化，积极推广中国标准，提升国际影响力和竞争力，在推进"一带一路"建设，带动中国铁路产品、技术、装备、服务"走出去"等方面发挥更大作用。

三、加强标准的互联互通

为了加强标准的互联互通，做到知己知彼，以下介绍发达国家标准化二三事。

日本力推优势技术进入国际标准。在注重与欧洲标准接轨的同时，也十分注重力推优势技术进入国际标准。如依托优势的高铁运营技术，制订标准国际化规划，有选择地重点和持久参与课题；依托具有雄厚技术实力的铁路机车车辆制造企业，从标准的研发和审议阶段就及早介入和干预，避免日本技术受到排斥。

日本还非常重视标准与知识产权保护战略的结合。WTO把国际贸易、标准、知识产权捆绑在一起，知识产权进入标准将是大势所趋。作为开放型的国际化战略，首先要研究哪些专利技术是可以公开或者有偿使用的，哪些是必须保护和垄断的，以便在国际市场竞争过程中，结合铁路自身的技术特点、企业的商务运作模式、国内外的市场环境机会、供应链上的位置等做出正确判断。

日本大力简化国内审批程序。日本的企业级标准上升至国际标准，按原制度需经国内业界团体的征求意见和审议，周期为 2～3 年。为了抓住有利时机，日本出台了龙头企业标准"快速审议"制度，即无须业界同意，可直接提交并进入审议流程，周期仅需 2～3 个月，还对企业的相关活动经费（国际差旅费、国外信息收集活动经费等）给予支持。此举使东芝、日立制作所抓住电力储存用蓄电系统 IEC/TC120 刚刚设立的有利时机，成为该标准的主持单位，并率先提交了 IEC/TC120 提案，改变了 IEC 共 18 个高能蓄电相关领域专业委员会没有日本牵头的现状。

日本加强技术标准国际化人才培养。经济产业省和国土交通省都认识到标准国际化人才的缺乏情况，加大了人才培养的力度。为了更好地鼓励人才发展，日本对在铁路标准及其国际化工作中做出突出贡献的技术人员和单位进行表彰。结合国际奖项"IEC1906 奖"，日本设立了两项年度政府奖项，分别是经济产业省的"工业标准化事业表彰奖"、国土交通省的"标准化活动表彰奖"。2007—2014 年日本上述奖项的获奖者达 85 人。

法国铁路标准具有很强的通用性，其铁路轨道标准同样适用于城铁、地铁、轻轨等轨道交通。土木工程咨询及施工公司的业务大多能覆盖铁路、公路、机场等所有土建工程，这从一个侧面反映了法国铁路标准的通用性。例如，法国以及欧盟 EN1990 等 10 个桥梁规范，适用于所有公路、铁路和市政桥梁。又如，桥梁轨道相互作用部分标准，可以参考欧盟桥梁规范 EN1992。这样，工程师依据标准，能够开展多种土建工程的设计，有益于工程师知识面的扩展和适应能力的提高。

法国铁路标准强调标准的系统性与逻辑性。在实际应用时，需要从大的类别逐渐找到特定内容，在指定的环境下应用标准的相关条款及其解释。例如，在铁路轨道标准中，关于轨道几

何形位质量，分为以下 6 分册：总论、定义、轨检车运营标准、建造与养护验收标准、轨道质量—主线、小型轨检设备。需要注意的是，法国及欧盟标准的系统性与逻辑性与我国铁路标准不同，不能完全对号入座，使用时需要仔细分析，加以区别。

法国铁路标准维护本国产业。法国利用标准维护本国优势产业的例子比比皆是，如阿尔斯通公司基本上参与所有铁路标准的制定就是典型例子。法国通过参与制定欧盟标准，特别是技术标准，维护本国标准。"管理与维护现有法国标准，代表法国参与欧盟标准委员会相关部门制定欧盟标准，保护本国产业"已被写入著名企业的职责中。

德国铁路标准体系由技术法规和技术标准组成。技术法规主要涉及人身和动物的安全与健康、环境保护与水土保持、用户权益等方面，技术标准分为国际标准、欧洲标准、国家标准、行业协会标准、铁路公司标准五个层次。国际标准属于第一层次，由国际铁路联盟、国际电工委员会等制定，主要是通用性、基础性或涉及多个专业间接口的国际标准。如《铁道线路等级分类标准》（UIC700）、《气候环境条件分类（系列）标准》（IEC60721）等。欧洲标准属于第二层次，主要针对欧洲铁路互联互通，由德、法等国主导，在遵守 IEC 和 UIC 等国际标准的基础上，结合欧盟各国的实际情况制定。如《欧洲铁路弓网动态检测要求与评估标准》（EN50317）等。国家标准（DIN）、行业协会标准、铁路公司标准（DS）分别属于第三至第五层次，均是在不违反第一、二层次标准的前提下，结合德国铁路的实际情况制定。如《德国桥梁荷载标准》（DIN101）、《德国标称电压 1 千伏及以上、强电设备接地标准》（VDE0141）、《德国铁路建设和运营管理规程》（DS300）等。对铁路工程建设而言，第一至第四层次的标准不够系统、完整，而第五层次的铁路公司标准才是德国铁路工程建设技术标准的主体和核心，它涉及铁路工程建设所有专业。

德国是市场经济高度发达的国家，因此，各层次标准均根据国家、行业和企业的需求制定。德国标准化学会是德国国家标准的编制与发布单位，也是德国最大的、具有广泛代表性的公益性标准化民间机构。它代表国家管理基础性的、协会与协会间交叉重叠的标准。各行业协会的标准化机构负责工程建设、产品和服务相关的基础标准。企业的标准化机构则在围绕新产品开发、提高工艺水平、组织专业化协作、按用户需求和有关标准组织生产、建立完善质量体系等方面开展工作。标准化已成为德国企业组织生产的技术基础和市场竞争的有效手段，对企业的整体经济效益具有举足轻重的影响。因此，德国国家标准、各行业协会标准与企业标准是既有整体分工，又有局部合作、相互弥补的协调配套关系。

德国铁路工程建设标准体系有以下特点：一是综合性。各专业铁路工程建设标准以设计为主线，同时涵盖施工、验收和运营维护管理方面的要求。二是一致性。设计、施工、验收、运营维护管理一般在同一个专业规范（系列）的不同篇章中叙述，避免了标准间的矛盾。三是整体性。各专业高速铁路与普通铁路标准合一，不单独编制高速铁路标准，有关高速铁路的特殊要求仅在同一标准中单列章节或条款描述。四是合理性。铁路工程各专业规范的组成与相关的国际标准、欧洲标准和国家标准层次分明、内容衔接合理。五是协调性。在德国铁路工程建设标准体系中包含有大量的标准设计。当标准设计数量较少时，直接纳入该专业的技术规范，作为规范的重要组成部分；当标准设计数量较多时，则另编成册，且被专业规范所引用，与规范等效。这些标准设计图纸从确保工程质量和运营安全的角度，对施工验收方法、施工允许偏差等提出了明确要求，使标准规范与标准设计形成一个有机的、密不可分的整体。六是系统性。标准中包括了相关管理内容，规定工程项目的管理部门和设计文件审查的内容及要求等。

德国铁路工程建设标准实现动态管理也是其特色。德国铁路工程建设的各个专业标准一般由若干部分（篇）组成，主体

专业规范内的各部分（篇）均相对独立，可在不同时间制定（或修订）和发布实施，且只提供活页式打印文本或 CD 光盘，不印制成书，其目的就是为了及时吸纳技术发展成果，保证标准的先进性。例如，德国《铁路接触网技术规范（系列）》DS 997 的第一篇《接触网系统》（DS99701）在 2001—2004 年的 4 年中局部修订了 5 次。

四、中国铁路标准与国际铁路联盟

近年来，随着铁路技术的不断发展和铁路市场的逐步扩大，铁路应用领域的国际标准化工作发展迅速。在国际标准领域，除了 UIC 制定的活页和国际铁路标准（IRS）外，ISO 和 IEC 都成立了铁路应用技术委员会（分别为 ISO/TC269 和 IEC/TC9），利用其广泛的影响力推广其铁路技术标准。铁路合作组织〔the organization for cooperation between railways, OSJD（原名称为俄文）〕制定的标准在俄罗斯、东欧及采用宽轨铁路的地区仍具有较大影响力。此外，欧盟标准（EN）通过其互联互通技术规范（TSI）及欧洲铁路行业协会（UNIFE）制定的国际铁路行业标准（IRIS）等都在世界范围内进行积极推广。

图 6.5　国际铁路联盟五十周年纪念邮票

面对国际标准化领域的竞争，UIC 也制定了自身的标准化发展策略，以积极扩大 UIC 国际标准的影响力，包括以下几个方面：

——积极开展系统层面的标准制定。UIC 成员单位主要由各国铁路运营商构成。UIC 制定的国际标准更注重铁路整体系统的技术实现、运输生产对技术设备的总体要求、技术设备的试验验证和基础性的试验方法、系统间的互联互通等。因此，UIC 将 IRS 称为"铁路专业标准"（professional railway standards），而将 ISO/IEC 等国际组织制定的国际标准称为铁路工业标准（industrial railway standards），以突出 IRS 国际铁路标准的系统性。在整体铁路系统架构和运营服务上，铁路专业标准将是主要技术依据；而在具体产品性能、功能实现和要求上，铁路工业标准将起到重要作用。两类技术标准相互补充、相互协作，共同为技术法规〔如《互联互通技术规范》（TSI）、各国铁路主要技术政策等〕提供技术支撑。

——从运营实际需求出发，优化铁路产品设计。UIC 通过其成员单位丰富的运营经验，从运营需求角度出发，通过"铁路专业标准"，规范机车车辆、牵引供电、通信信号等铁路产品设计。在这方面，UIC 与 IEC/TC9 开展了积极的标准化合作。如在高速列车控制网络系统标准规划中，IEC/TC9 注重底层电气性能、传输协议的国际标准制定，UIC 注重功能规范、与高速列车其他系统接口数据交换等方面的国际标准制定。两者相互配合，从可靠性、可用性、可维护性和安全性（RAMS），全生命周期成本（LCC），功能和性能 3 个维度上共同实现铁路产品设计的优化。

——推动国际标准体系的构建。在 UIC、ISO/TC269、IEC/TC9 等国际组织不断推进各自优势领域国际标准工作的同时，不同组织在标准领域也积极探索开展合作。UIC 是标准合作的积极推动和倡导者，近年来一直致力于与各主要国际组织签署合作协议，推动标准分工与合作及铁路领域国际标准体系

的构建。根据 UIC 的理念，整个国际标准体系可划分为若干应用领域（如高速铁路、货运通道等），在此之下形成若干标准模块（称为 Cluster）。每个模块涵盖某一领域所需的主要国际标准。这些标准由 UIC 活页、IRS 及其他标准（如 ISO/IEC 制定的国际标准）共同组成，形成从产品级到系统级比较完备的组合。UIC 希望能够以 IRS 为载体，采用标准共同制定或互认、系列标准、标准相互转化等方法，引领整个铁路领域国际标准化的不断发展。

【知识链接】UIC（国际铁路联盟）及其 SP（标准化平台）

UIC 成立于 1922 年，是世界上具有重要影响力的国际铁路组织，旨在从国际层面协调铁路建设和运营，促进各国铁路的互联互通，扩展铁路行业的影响力。UIC 目前有来自 95 个国家和地区的 240 多个成员单位。UIC 总部设在法国巴黎，下设系统部（Railway System）、客运部（Passenger）、货运部（Freight）等部门，负责各自领域的科研、标准及相关工作。为了扩大其影响力，UIC 还设有欧洲、亚太、非洲、北美、拉美、中东 6 个区域的分支机构，配合总部开展各区域的相关工作。2012 年 UIC 成立了标准化平台（standardization platform，简称 SP），作为标准工作的专门协调组织，以充分整合 UIC 各部门开展的标准工作，提高 UIC 标准工作的质量和效率，提升 UIC 标准的影响力。其主要职能是：

1. 制定 UIC 国际标准的主要发展战略，统一协调标准工作进展；

2. 研究制定 UIC 国际标准工作程序；

3. 与各部门、各区域分支机构配合，推动 UIC 各类国际标准［包括 UIC 活页和国际铁路标准（international railway standards，简称 IRS）］的制修订工作；

4. 代表 UIC 与国际标准化组织（ISO）/ 国际电工委员会（IEC）、铁路合作组织（OSJD）等国际组织，以及欧洲标准委员会（CEN）/欧洲电工标准化委员会（CENELEC）、欧洲铁路局（ERA）等区域组织在标准化领域签署合作协议，开展交流与合作；

5. 推广 UIC 国际标准在各会员单位及全世界的使用。

【知识链接】国际铁路行业标准之一 ——可靠性、可用性、可维护性和安全性（RAMS）

可靠性、可用性、可维护性和安全性是产品质量管理和安全管理的四个重要指标，简称 RAMS。RAMS 是可靠性（Reliability）、可用性（Availability）、可维修性（Maintainability）和安全性（Safety）这四个英文名词首字母的缩写。

二战时，在对日战争中，向前线输送的电子设备半数以上发生故障；在美军向远东输送的兵器中，60% 的飞机不能用，50% 的电子设备在储藏中发生故障，轰炸机的电子设备寿命仅有 20 小时，海军用电子设备 70% 发生故障。基于这些惨痛教训，在战后建立的美国国防部电子设备可靠性咨询委员会（advisory group on reliability of electronic equipment，AGREE），在 1957 年提出了有名的 AGREE 报告书，在这个报告中，美军宣布把定量化的可靠性指标作为武器采购的基本准则。

RAMS 是 IRIS 的标准之一。IRIS 就是"国际铁路行业标准"英文 International Railway Industry Standard 的缩写，是一套铁路行业质量管理体系标准，在 ISO9001：2000 的基础上，针对铁路行业的特殊要求由欧洲铁路联盟于 2006 年 5 月 18 日发布实施。RAMS 是贯穿产品整个生命周期，从对产品的可行性分析研究到产品报废的整个生命周期过程中，需要进行可靠性、可用性、可维修性和安全性的 RAMS 论证。

可靠性：产品在规定的条件和规定的时间内，完成规定功能的能力。通常可以用设备在全寿命周期中，发生故障的平均间隔时间来衡量，间隔时间越长，说明可靠性越高。

可用性：产品在任意随机时刻需要和开始执行任务时，处

于可工作或可使用的状态。通常可以用设备在全寿命周期中，正常工作时间与在完好状态下等待工作的时间之和占全寿命周期的比例，这个比例越高，说明可用性越好。

可维修性：产品在规定条件下和规定时间内，按规定的程序和方法进行维修时，保持或恢复到规定状态的能力。通常可以用设备发生故障后的平均修复时间来衡量，平均修复时间越短，说明可维修性越好。

安全性：产品所具有的不导致人员伤亡、系统损坏、重大财产损失、不危害员工健康与环境的能力。通常可以用设备发生故障后能否导向安全来衡量，例如列车发生故障后，能否自动减速甚至停车，如果能保证导向安全，说明安全性好。

要是对可靠性和安全性二者进行"同中求异"，那么，可靠性就好比人的免疫功能，抵抗力强的人可以不生病或少生病（相当于设备不发生或很少发生故障）；安全性就相当于有好的医生和药品备在那里，一旦生病，医生能把病治好，使病人恢复健康。

RAMS 贯穿产品全生命周期。RAMS 工作包括设计、分析、实验和管理四个方面，缺一不可。

近年来，随着中国铁路技术标准体系的不断完善和"走出去"战略的推进，中国铁路一直致力于推动标准国际化工作，不断增强中国标准的国际话语权。自 UIC 标准化平台成立起，中国铁路就积极利用该平台开展标准国际化工作，并成为标准化平台核心小组成员。在该平台及 UIC 其他部门的支持下，中国铁路主持开展了《高速铁路动态集成测试和试运行》（IRS70001）、《高速铁路维修》（IRS70002）和《高速铁路实施》（IRS70100）系列标准的制定，并积极将中国铁路技术和标准融入这些国际标准中。随着 UIC 国际标准工作不断推进和中国铁路参与 UIC 标准工作不断深入，中国铁路专家更

图 6.6 中国标准动车组 420 公里交会瞬间 罗春晓摄

能全面了解 UIC 的标准化工作及其发展战略，推动标准国际化向更高层次发展。

UIC 作为具有重要影响力的国际铁路组织，近年来依托其标准化平台，大力推进其 IRS 的制修订及推广工作。与 UIC 活页相比，IRS 在标准制修订速度、适用性及引领技术发展的层面都具有明显优势。通过 IRS，UIC 在标准化战略层面希望能够积极开展系统的标准制定、通过标准优化铁路产品设计及推动国际标准体系的构建。根据 UIC 的标准化战略，对于中国铁路专家参与基于 UIC 平台的国际标准工作，有以下几点建议：

——统筹考虑标准国际化全面布局。随着铁路国际标准的不断发展，国际标准领域过去只有 UIC 占绝对优势的局面将逐渐改变。UIC 也在不断调整自身的标准化策略，以更好地适应国际标准领域的竞争与合作。中国铁路也应根据这一格局变化，充分利用 UIC、ISO/TC269、IEC/TC9 等多个平台开展标准国际化工作。根据中国铁路技术及其标准体系，统筹考虑标准国际化的全面布局，推荐合适的技术及标准、选派合适的专家参与到合适的国际标准平台开展工作，从而全方位地提升中

国标准的国际影响力。

——全面参与 UIC 系统层面的标准制修订工作。之前中国铁路参与的 UIC 国际标准工作以设备产品层面标准为主。从 UIC 标准策略看，系统层面的铁路专业标准将是 UIC 国际标准工作的重点。中国铁路拥有丰富的铁路运营经验和完备的技术标准体系，应该更多地参与综合性强、系统层面的标准制修订工作，争取在铁路系统的顶层设计中拥有主导权。

——提高中国主持制修订标准的水平。UIC 实施其 IRS 的架构设计，就是希望能够使其制定的标准具有更强的系统性、适应性和协调性。通过前些年的工作积累，中国专家已经在前期参与 UIC 国际标准制修订工作的基础上，开始更多地主持国际标准项目。在扩大中国主持参与国际标准项目数量的同时，也要注重不断提升中国主持制修订国际标准的质量。要注意把握积极融入中国先进技术和标准及与其他国家技术、标准兼容的平衡关系，使中国主持的国际标准项目能够得到广泛认可并推广使用，从而为中国铁路"走出去"创造良好的技术基础。

五、铁路标准化"十三五"发展规划

国家铁路局发布《铁路标准化"十三五"发展规划》(以下简称《规划》)，明确了"十三五"时期我国铁路行业标准化工作的指导思想、基本原则、发展目标、主要任务。《规划》是我国铁路领域第一个标准化发展规划，对铁路标准化工作具有战略意义。

《规划》指出，"十三五"是我国实现全面建成小康社会宏伟目标的关键五年，同时也是铁路标准化工作发展的关键五年。标准化作为铁路行业发展的重要技术性基础工作，是实现科学管理的重要手段，是促进科技进步、规范铁路市场的有力支撑，对于服务、支撑和引领行业发展，保障铁路建设和运营安全具有重要意义。

《规划》提出，到2020年，形成完善的适应不同铁路运输方式的标准体系，标准数量、结构、层级更加完善合理，各领域标准、各级标准良好衔接。标准化工作机制更加完善，政府主导的标准和团体、企业标准有序衔接，标准的制定适应市场的需要。标准基础性研究得到加强，标准有效性、先进性和适用性显著增强。标准翻译覆盖工程建设和主要产品，主持及参与制定的国际标准数量大幅上升，我国铁路在国际标准化领域影响力和国际标准化活动的参与度明显提升。标准实施、监督及评估机制更加完善，重要标准的宣传贯彻得到有效保证，标准实施效果进一步提升，标准支撑作用不断增强。

《规划》提出了铁路标准化工作的6大主要任务，一是完善铁路标准体系，整合精简强制性标准，优化整合推荐性标准，协调政府主导制定的标准与市场自主制定的标准，鼓励企业将科研成果转化为标准，以适应铁路改革发展和标准国际化的需要。二是加强重点领域标准制修订，加强政府主导强制性、基础性、公益性标准的制修订，健全完善铁路行业监督管理和中国铁路"走出去"所需的标准。三是完善铁路标准化工作机制，加强铁路行业标准建设和综合协调，完善国际标准化活动的工作机制，探索建立标准化工作激励机制。四是推进铁路标准国际化工作，积极参与国际标准化组织活动，指导铁道行业力量积极主持和参加国际标准制修订工作，跟踪国际铁路标准发展动态，稳步推进重要标准外文版翻译工作。五是深化标准化基础性研究工作，开展新技术、关键装备、国际先进标准等方面的基础性研究，加强前瞻性技术研究和储备。六是强化重要标准宣传贯彻、实施监督及评估工作，促进标准正确贯彻实施，强化标准实施的监督，提高标准实施效果。

《规划》强调，要加强组织领导，形成促进铁路行业标准发展的合力，引导相关部门和单位将标准工作置于优先发展的战略位置；强化标准工作管理，健全管理制度，加强标准编制过程管理，开展铁路标准化管理信息平台建设；加强标准与科技创新的结合与相互促进，推进创新技术和产品标准化，进而市场化、产业化、国际化；加强专业人才队伍建设，重点培养一批掌握标准化专业知识和铁路专业技术、了解国家政策和产业发展规划、精通外语并熟悉国际标准化规则的技术标准专家人才。

铁路行业技术标准体系是铁路标准化工作顶层设计文件之一，是铁路标准化"十三五"发展规划的重点工作，指导着技术标准的制修订、应用和管理。铁路行业技术标准体系在标准管理界面划分的基础上，对技术标准进行了梳理和分类，按照完整性、系统性、先进性、前瞻性、稳定性和实用性等原则，形成了铁路行业技术标准体系结构框架。铁路行业技术标准体系分为铁路技术标准体系和铁路工程建设标准体系。

——铁路技术标准体系分为通用及综合、机车车辆、工务工程、通信信号、牵引供电和运营服务6大标准子体系，覆盖高速、城际、客货共线、重载、市域（市郊）等不同类型铁路，并根据子体系所涵盖的业务范围、专业领域技术特点、产品情况与分类等要素进行更多层次的体系细分。

——铁路工程建设标准体系分为基础标准、综合标准、专业标准3大标准子体系，涵盖高速、城际、客货共线、重载、市域（市郊）铁路等各种铁路类型，勘测、设计、施工、验收等铁路工程建设各个阶段，并根据专业领域、结构类型等要素进行更多层次的体系细分。

以下讨论工程建设领域与装备制造领域的标准制修订重点。

1. 工程建设领域

开展高速铁路、城际铁路、客货共线铁路、重载铁路和市域（市郊）铁路等勘察设计、施工、验收、安全及试验检测标准制修订工作，完善综合客运枢纽建设相关标准，为铁路工程建设提供技术支撑。

高速、城际铁路：总结我国高速、城际铁路建设和运营管理实践经验，深化基础理论研究，优化设计理念和关键技术参数，修订相关设计规范及质量验收标准，修订铁路车站及枢纽设计规范、铁路旅客车站设计规范，研究更高速度条件下的铁路建设技术标准，推进我国高速、城际铁路创新成果转化及应用。

客货共线铁路：开展工程勘察设计、施工、验收、安全和专项检测方法标准等制修订工作，优化完善铁路工程建设标准体系。

重载铁路：开展重载铁路列车荷载图式和工程结构、轨道部件及关键技术参数研究，总结工程建设、装备制造、运营管理实践经验和科学试验成果，编制重载铁路设计规范及配套专项质量检测标准，提高我国重载铁路建设水平。

市域（市郊）铁路：开展市域（市郊）铁路设计总体原则、运输组织方式以及各类工程设计技术研究，编制市域（市郊）铁路设计规范及相关配套标准，指导我国市域（市郊）铁路建设。

结构设计方法：深化铁路工程结构极限状态设计方法研究，总结已有试设计成果，借鉴国内外相关经验，制订铁路路基、桥梁、隧道、轨道等专业工程结构极限状态法设计规范，推进结构设计从容许应力法向极限状态法转变。

2. 装备制造领域标准制修订重点

加强基础安全、移动装备、基础设施、通信信号等相关产品标准的研制力度，重点开展高速动车组、高速及重载铁路轨道部件、列车运行控制以及系统间接口等关键核心技术标准的制修订，发挥标准在装备制造领域的支撑和引领作用。

高速动车组：研制高速动车组整车通用技术条件和试验规

图 6.7　动车组检修　罗一童摄

则标准，制修订动车组走行系统、牵引传动系统、制动系统、网络控制系统、辅助供电系统、牵引供电受流系统等系统标准，优化完善高速动车组相关标准。

高速及重载轨道部件：制修订高速铁路无砟轨道轨道板、道岔和扣件等高速铁路关键轨道部件标准，研制重载铁路道岔、扣件等标准，促进我国铁路轨道关键部件技术提升和产业发展。

通信信号：研制铁路列控系统（CTCS）总体技术规范、铁路列控系统（CTCS）信号安全数据网、铁路车站计算机联锁等标准，制修订铁路闭塞、铁路信号系统内外部接口、铁路数字移动通信系统（GSM-R）接口等标准，开展新一代铁路移动通信系统、高速列车自动驾驶系统、车站计算机联锁电子化等方面的标准研究，推动创新成果产业化进程。

安全基础：修订铁路机车车辆及建筑限界标准，研制高速铁路风、雨、雪等灾害监测与预警系统以及铁路线路防护等安全防护工程相关标准，制修订铁路环境保护和卫生防护标准，开展机车车辆防火安全、结构可靠性、故障导向安全等方面的标准研究，提高铁路安全保障能力。

到 2020 年，我国将形成完善的适应不同铁路运输方式的标准体系，标准数量、结构、层级更加完善合理，各领域标准、各级标准良好衔接。标准化工作机制更加完善，政府主导的标准和团体、企业标准有序衔接，标准的制定适应市场的需要。标准基础性研究得到加强，标准有效性、先进性和适用性显著增强。标准翻译覆盖工程建设和主要产品，主持及参与制定的国际标准数量大幅上升，我国铁路在国际标准化领域影响力和国际标准化活动的参与度明显提升。标准实施、监督及评估机制更加完善，重要标准的宣传贯彻得到有效保证，标准实施效果进一步提升，标准支撑作用不断增强。

第七章

人才支撑体系

习近平总书记强调指出："建设社会主义现代化强国，发展是第一要务，创新是第一动力，人才是第一资源。"

中国高铁经过几代人的不懈奋斗，经历了从独立研发"先锋号""中华之星"试验列车，到通过引进获得成熟的动车组列车制造技术研制出"和谐号"，再到全面自主创新中国标准的"复兴号"，以高铁列车技术进步为代表的中国高铁事业，走出了一条从制造走向创造、从探索走向突破、从"跟跑"走向"并跑""领跑"的崛起之路。现在，高速铁路不仅已成为中国的一张靓丽名片，更成为建设创新型国家取得重大突破的标志之一。

大规模的铁路建设及运营管理需要强大的人力资源支撑。中国铁路逐步培养和锻炼出了一支技术精湛、素质过硬、专业齐全、顽强拼搏的人才队伍，成为中国铁路创新发展的重要保障。美国加州高铁局局长莫拉雷 2011 年考察中国高铁后感叹道："我真羡慕你们培养出那么多高铁工程师！"

中国铁路作为产业集群，主要包括铁路运输、铁路工业、铁路建筑、铁路科研设计等四大系统。铁路运输系统由中国铁路总公司及其下属的 18 个铁路局集团有限公司、中铁特货运输有限公司、中铁快运股份有限公司、中铁集装箱运输有限公司等组成，铁路工业系统主要由中国中车及其下属的各单位组成，铁路建筑系统主要由中国铁建股份有限公司、中国中铁股份有限公司等组成，铁路科研设计系统主要由中国铁道科学研究院、铁道经济规划研究院以及多个勘察设计单位组成。这四大系统都离不开培养专门人才的教育系统——包括与铁路有关的高等学校、中高等职业技术院校，以及企业自身的职工技术、技能培训体系。正是这三者组成的合力，支撑着我国高铁的创新发展。

概言之，中国铁路人才战略为中国铁路的技术进步提供支撑；反之，巨大的铁路发展需求，特别是近年来中国铁路提速和高铁大发展，又为铁路院校和企业创造了前所未有的发展空间和用武之地。中国铁路人才培养与中国铁路建设事业相互促进，相互推动，相得益彰。在本章中，我们将从中国铁路的光荣革命传统以及高等教育、铁路职业技术教育、铁路企业人才培养诸方面，论述我国高铁人才的成长之路。

一、铁路人是一支特别能战斗的队伍

中华人民共和国成立之初，国际形势空前严峻，朝鲜战争爆发，党中央决定集中力量抗美援朝。在抗美援朝战场上，铁路被誉为"打不垮、炸不烂的钢铁运输线"。

1950 年 6 月，具有光荣革命传统的哈尔滨铁路工人，积极响应党的号召，报名参加抗美援朝。3 年中，仅当时的中长铁路局和齐齐哈尔铁路局，就有 8 599 名职工奔赴前线，有的被编入中国人民志愿军 897 部队，成为志愿军铁道兵团的主要力量；有的参加志愿援朝大队，直接参与朝鲜铁路各站段的运输和管理工作，与朝鲜铁路工人并肩战斗。

在烽火连天的朝鲜战场上，援朝铁路职工发扬英勇无畏、不怕牺牲的精神，在敌机的狂轰滥炸下，抢修线路桥梁，抢运兵员弹药，及时把部队和军事物资运到前线。他们与英勇的铁道兵部队和朝鲜铁路局战友一起，构筑了一条"打不垮、炸不烂的钢铁运输线"，创造了现代战争中军事运输的奇迹。

在这场艰苦卓绝的战争中，涌现了大批功臣模范。1952年，中国人民志愿军铁道运输部队召开功臣模范代表大会，在全部 168 名代表中，来自中长铁路和齐齐哈尔铁路局的代表就有 51 人。截至停战，两局的援朝职工共有 4 751 人立功，其中 4 人荣立特等功。为了抗美援朝战争的胜利，两局共有 116 名援朝职工献出了宝贵生命。

在朝鲜战争期间，美国海军第七舰队趁机驶入台湾海峡。周恩来总理说，解决美国第七舰队封锁台湾海峡及台湾问题，要看"二王"，一个是王炳南在华沙和美国谈判，一个是王震率十万大军修建鹰厦铁路。

为打破敌人对我海上封锁，巩固南疆海防，发展沿海经济，中共中央于1954年决定抢建黎（塘）湛（江）、鹰（潭）厦（门）两条铁路。7月初，周恩来总理召集铁道部和铁道兵的领导进行研究部署；7月23日，中央军委向铁道兵下达了修建黎湛、鹰厦铁路的命令。命令要求按战时抢修的原则突击建成。8月1日，毛泽东主席在中南海召见铁道兵司令员王震，了解抢建黎湛、鹰厦铁路的准备情况。毛主席指出关键是快，要用抢修的精神、战斗的姿态，迅速抢通这两条铁路。

鹰厦铁路，是铁路入闽的重要部分，1951年铁道部派人到福建勘察后，提出了西线、中线和东线三种施工方案。此时朝鲜战争的局势已经逐步明朗，在谈谈打打中，停战之期指日可待。因此巩固东南海防、解决台湾问题成了当时的首要任务，也正是出于这样的战略考虑，北起鹰潭、南至厦门的线路东线方案成了闽赣铁路的首选方案。鹰厦铁路全长723公里，虽然在三个方案中工程量最小，但以当时的技术及沿线的地质条件，再加上台海局势的影响，无疑是个超级工程。1953年9月9日，中央军委决定将在朝鲜的6个志愿军铁道工程师与国内铁道兵团的4个师、1个独立团统一整编为中国人民解放军铁道兵，王震被任命为铁道兵司令员兼政委。

黎湛铁路起自广西壮族自治区黎塘，经贵县（今贵港市）、玉林、陆川、廉江、遂溪，至广东省湛江市，全长315.6公里。它既是南方出海的一条通道，又是南海和海南岛地区联系华南腹地的一条铁路干线。

黎湛铁路是铁道兵成立以来修建的第一条干线铁路。国家初测黎湛铁路工期为23.5个月，按照毛泽东主席、周恩来总

图 7.1　1955 年 7 月 1 日庆祝黎湛铁路胜利通车

理的指示要求，执行中央军委命令，铁道兵指战员决定将工期缩短为 12 个月。结果，争分夺秒，奋力突击，仅用 9 个月时间，于 1955 年 7 月 1 日全线建成通车（图 7.1）。这在中外铁路建设史上均属罕见，创造了惊人奇迹，在新中国铁路史上书写了浓墨重彩的篇章，展示了铁道兵的神勇。

　　鹰厦铁路在 1954 年由铁道兵和当地民工动工兴建，1957 年竣工通车，曾经长期是进入福建的唯一铁路线（图 7.2）。其南段沿江修建，地势险要，北段崇山峻岭、坡陡弯急（最小半径 250 米，最大坡度超过 22‰），途经地区山多雨频，因此经常发生泥石流造成的塌方事故，而一批又一批的铁道兵在这里克服种种困难，开山架桥，终于天堑变通途。如今鹰厦铁路已成为多少人抹不去的回忆，鹰厦情怀扎根于心。

　　除了修建黎湛铁路、鹰厦铁路外，成昆铁路、南疆铁路、青藏铁路……从 20 世纪 50 年代开始，30 年间 40 万战士，中国铁道兵还在戈壁与山林等极端艰苦的环境中，用人拉肩扛的方式凿出一条条"天路"。1984年，铁道兵集体转业，其光荣传统成了国家记忆。铁道兵中的绝大部分官兵仍与中国铁路建设密不可分。铁道兵的奋斗精神已根植于中国铁路人的心灵深处。

中国铁路人的足迹还留在了遥远的非洲。1967年9月5日，中国、坦桑尼亚、赞比亚三国政府在北京签订了《关于修建坦桑尼亚—赞比亚铁路的协定》，至今已经过去整整50年。在非洲大陆阳光炙热、野兽横行、疾病肆虐、地质构造特殊、物资供应短缺的艰苦条件下，5万余中国铁路人跨越万里，不屈不挠，排除万难，成功且提早建成坦赞铁路，铸就了"顽强奋斗、无私奉献"的坦赞铁路精神。

图 7.2 鹰厦铁路

坦赞铁路东起坦桑尼亚首都达累斯萨拉姆，西至赞比亚的新卡皮里姆波希，与赞比亚既有铁路接轨，全长1 860.5公里。1970年10月26日正式开工，1975年6月7日提前全线铺通，同年10月23日全面建成并试运营。1976年7月14日正式移交给坦、赞两国政府。

2013年3月，习近平主席访问坦桑尼亚时专程来到达累斯萨拉姆市西郊的中国专家公墓凭吊，有69位因援助坦桑尼亚铁路建设而殉职的中国专家、技术工人长眠于此。他们用生命诠释了伟大的国际主义精神。

无论是在炮火连天的战场，还是在和平环境下修筑铁路、抢险救灾，铁路人继承信念坚定、技术过硬、顽强拼搏的光荣传统，代代相传。铁路人是一支特别能战斗的队伍。

二、大学培养有理想、有学问、有才干的实干家

中国的铁路教育是伴随着中国铁路的出现而诞生的。长期以来，铁路系统有自办教育的传统：拥有铁路小学、铁路中学直到铁道大学、铁道医学院，还有一所苏州铁道师范学院，为铁路中学培养师资。

中国自办并正式营业的第一条铁路是 1881 年 11 月 8 日建成通车的唐胥铁路（唐山—胥各庄）。为了修建和管理这条铁路，清政府直隶总督李鸿章奏准成立了中国铁路公司和天津武备学堂附设的铁路班，这就是我国最早的铁路企业和铁路教育。1896 年秋，北洋铁路总局总办吴调卿在山海关创办了中国第一所铁路高等学堂——山海关北洋铁路官学堂。图 7.3 为其当时的毕业证。

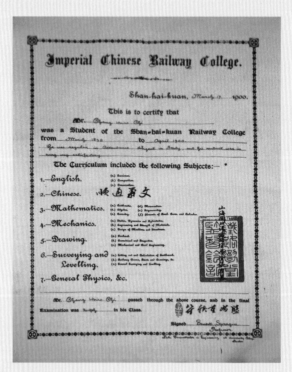

图 7.3　中国铁道博物馆中的铁路官学堂毕业证

1920 年，时任北洋政府交通总长的叶恭绰建议成立交通大学的提案得到通过，并在次年正式成立交通大学。它是由交通大学唐山学校、交通大学北京学校、交通大学上海学校和北京邮电学校合并而成。至此，我国铁路高等教育进入了正规化阶段。

1949 年 7 月 8 日，中国人民革命军事委员会下令，决定将唐山工学院、北平管理学院、华北交通大学（原址石家庄）合并组成中国交通大学，后更名为北方交通大学，毛泽东主席任命茅以升为校长、顾稀为军代表。

自 1949 年起，我国铁路高等教育与祖国命运紧密相连，在不断探索中曲折前进，其发展大致可以分为四个阶段。

第一阶段，1952 年至 1976 年，一部分高校在中华人民共和国成立初期及其后的院校调整中被定位为铁路行业院校，为中国铁路事业培养和储备专门人才。

第二阶段，1976 年至 2000 年，中华人民共和国原铁道部主管铁路高等教育，形成了覆盖学历与非学历教育的普通专科院校、一般本科院校、重点院校三个梯次的铁路高等教育发展格局，数量在 40 所左右；并与政府其他部委下属的与铁路关联的一部分高校，共同构成了支撑铁路建设发展的大学集群和完整的铁路专门人才培养培训体系。在"九五"期间，铁道部召开了一系列教育工作研讨会，确定了"服务铁路、面向社会、办出特色"的铁路高等教育办学指导方针，并通过认真落实《关于铁路普通高校深化教学改革的意见》和《铁路教育"九五"计划》，为铁路高校在 21 世纪的持续发展打下厚实的基础。

第三阶段，2000 年至 2013 年，在中国院校调整和合并大潮之下，铁路重点院校划归教育部，划归后的大多数高校较好地保持了铁路行业特色，继续为铁路事业的发展提供强大的技术支撑和人才支撑。

第四阶段，2013 年至今，随着"双一流"大学建设工程

的开启以及高速铁路的迅速发展，中国铁路高等教育已经进入了一个新阶段。在这一阶段，亟须全面提升教育教学质量，全方位开展教育教学改革，并开展国际交流合作，在学科、专业、科研诸多方面与铁路系统的技术、管理、设计、施工、试验等实务全面契合，建设与中国铁路尤其是高铁的人才需求、科技进步需求高度匹配的铁路创新人才支撑体系。

图 7.4　西南交通大学的轨道交通实验室

中国有关铁路的高等院校整合优质教育资源和科研平台，构筑了科技创新、高级管理和应用型人才的培养培训体系，搭建了人才培养的"蓄水池"。在我国高铁技术自主创新过程中，西南交通大学、北京交通大学、中南大学、同济大学、兰州交通大学、大连交通大学、石家庄铁道大学、华东交通大学等高等学校以及25所大学的国家重点实验室（所）发挥了重要作用；仅参加《中国高速列车自主创新联合行动计划》的就有68位院士、500多位教授、200多位研究员以及上万名工程技术人员。

2014年12月3日，《印度快报》有一篇报道引发社会关注，也从侧面反映出我国的铁路高等教育办学成效突出，日益受到其他国家的重视和效仿。印度铁路委员会代表团在对中国三所大学——北京交通大学、同济大学和西南交通大学进行访问后，印度铁道部官员提交了一份报告称，印度将建设第一所铁道大学，纳伦德拉·莫迪总理承诺将在国内建设四所这样的大学，而政府已经准备开始第一所大学的建设工作。课程也可能设计成攻读双学位，其中一部分在印度完成，另一部分在中国的大学完成。一位政府高级官员说："这些项目的合作将在本科生阶段、硕士生阶段和博士生阶段展开。"报道称，寻求中国的帮助是一个明智的决定，因为中国很早就开设了专门的铁路相关学府。从那时起，中国的许多知名学府就陆续推出了与铁路相关的专业技术课程和非技术类课程。

中国铁路高等教育的成功案例有不少，最有代表性的当属唐山铁道学院电机系与我国电气化铁路相辅相成的共生历程。

60 年前的 1958 年 6 月，一个改变中国铁路历史、改变中国人出行方式的决策开始实施，宝成铁路（宝鸡—成都）宝凤段（宝鸡—凤城）电气化工程——我国第一条电气化铁路正式开工。电气化铁路就是指以电力机车为牵引动力的铁路，相比第一代蒸汽机车牵引和第二代内燃机车牵引，电力机车牵引具有动力强劲、低碳节能等特点和优势，是现代铁路的主要标志。举个例子，在秦岭急转弯加 30‰ 坡度的地方，蒸汽机车速度仅 5 公里 / 小时，而使用电力机车牵引，在当时就能达到 25 公里 / 小时，速度提高 5 倍，牵引功率提高 4 倍。又如 2017 年我国铁路旅客发送量 30.84 亿人，货运总发送量 36.89 亿吨，在这庞大的客货运量中，85% 以上都是依靠电气化铁路和高速铁路（高速铁路都是电力牵引）完成，地铁、轻轨等城市轨道交通也都采用电力牵引方式。以开行时速 350 公里高速列车的京沪高速铁路为例，全程 4 小时 28 分钟，每人百公里能耗仅为 3.64 度电，约为航空的 1/12。

早在 1879 年，世界上第一条电气化铁路就诞生了，中国迟到了近 80 年，因此得请外国专家来华援助。然而风云突

变、专家撤走，在这种情况下，中国第一代电气化铁路的探索者们就在宝成铁路宝凤段摆开战场，开始自主创新、艰苦创业。这支队伍的带头人就是我国铁道牵引电气化与自动化学科的创始人、唐山铁道学院电机系主任曹建猷教授，他是中国电气化铁路的奠基人。

1956年，曹建猷参加了国务院组织的制订中国科技发展12年规划的工作，参加中国铁路电气化考察团（任副团长）赴苏联、波兰、东德等国考察。通过调查研究，并结合我国特点，他认为我国应选择工频交流电压制比较经济。1956年曹建猷的文章《我国电气化铁道应采用何种电压制》发表在《人民日报》上，引起广泛关注。在那时选择走这一条技术路线是很需要理论勇气的。曹建猷的大胆建议，最终取得了国内同行专家的支持和赞赏。1957年经国家正式批准，工频交流电压制被定为我国电气化铁道的标准，这使我国电气化铁道从一起步就进入了世界先进技术平台。

从宝凤段起步，到今天遍布祖国大江南北的电气化铁路网和高速铁路网，由于当年采用了正确的制式，没有走先直流后交流的弯路，才使我国后来居上。曹建猷还清醒地认识到，为适应中国铁路实现电气化的迫切需要，必须有一支人才队伍。因此，他在20世纪50年代初，就创办了中国铁路电气化专业，培养了数以千计的电气化铁路专门人才，从而奠定了我国铁路实现电气化的坚实基础。1961年8月，中国第一段电气化铁路——91公里的宝凤段电气化铁路建成通车；1976年7月，全长676公里的我国第一条电气化铁路——宝成线全线建成通车。

纵观中国铁路发展史，电气化铁路伴随着民族复兴的步伐，用60年时间

图7.5 宝成铁路宝凤段的火车通过大巴口大桥 游云谷摄

走过了世界电气化铁路发达国家 140 年的发展历程，实现了从无到有、从普速铁路到高速铁路、从低吨位到单元重载、从国内到国外的一次又一次历史性跨越，走出了一条追赶与超越之路。这也充分体现了曹建猷教授接地气、敢探索，立足中国实际向世界先进科技看齐，独立自主、勇于创新的科学精神。

曹建猷院士是广大教师献身中国铁路事业的范例，再看一位大学毕业生如何为中国高铁事业顽强拼搏的。

梁建英总工程师 1995 年毕业于上海铁道大学电力牵引与传动控制专业，她在本科毕业后，又分别在同济大学（2000年 5 月同济大学与上海铁道大学合并组建新同济大学）和北京交通大学完成了在职硕士（自动化专业）和博士（载运工具运用工程）课程。梁建英从 1995 年大学毕业到主持设计"和谐号"CRH380A 创造 486.1 公里 / 小时的运营列车世界最高试验速度，仅用了 15 年时间，是改革开放的大时代和创新实践造就了她。

1995 年 3 月下旬，也就是在梁建英毕业前的 4 个月，铁道部高速办、科技司在她的母校主持召开了确定京沪高速铁路重要技术参数的学术会议，每小时 300 公里的速度目标值极大地鼓舞了全校师生。幸运的是，就在这中国高铁喷薄欲出的艰苦探索阶段，梁建英一毕业就来到中国的"轨谷"——青岛工作，目前中国的高铁动车组 60% 产自青岛。

从梁建英研发"和谐号"CRH380A 与"复兴号"CR400AF的经历和高铁列车技术突飞猛进的背后，人们往往看不到研发过程的曲折和坚持。在亮眼的科技成就背后，其研发过程是由一个个枯燥重复甚至是充满沮丧疲累的时刻组成的。所有事业，只有踏踏实实一步一个脚印走稳了，才会离理想越来越近。

为了把我国建成"交通强国"，为了推进"一带一路"建设，我国铁路相关院校的大学生一定会响应习近平总书记的

号召："广大青年要努力成为有理想、有学问、有才干的实干家，在新时代干出一番事业。"

三、职业技术教育弘扬精益求精的工匠精神

中国铁路职业技术教育，是随着中国铁路的兴建而发展起来的，从光绪二十五年（1899）清朝政府铁路总局批准开办第一所铁路职业学校——昌黎（河北）电报学校开始，已有近120年的历史。铁路职业学校有计划、大规模发展，是在1949年以后。

中华人民共和国成立后，铁路职业技术院校的发展经历了两个阶段：一是20世纪50年代至2002年。原铁道部在全国范围内统一布局建设了一批运营类、工程类、机电类等针对性较强的中等专业学校，并进行分类管理，为中国铁路事业培养和储备专门人才；在1991、1992、1994年，铁道部召开了三次全国职业技术教育会议，要求铁路职业技术教育主动适应铁路发展需要、主动服务铁路运输生产需要，职业技术教育也要为提高职工队伍素质服务，构建支撑铁路建设发展的完整的铁路专门人才培养培训体系。至2000年，达到全国一流办学水平的国家级重点中等专业学校有30所，占全国铁路中等专业学校数量的61.1%，名列全国各行业之首。在全国普通中专教育评估中，有24所铁路中专校位列所在省份第一名，如南京铁道职业技术学院为江苏省第一名。

2003年至今为第二个阶段。从2003年开始，铁路职业技术学校陆续移交给地方政府管理。经过一系列的"并、转、改"变革，现有21所铁路高职院校（其中国家示范、国家骨干院校8所）、4所中等专业学校在与地方职业院校竞争发展中，依然保持了较高的办学水平，各铁路职业技术院校在当地的招生录取分数线都位于前列，对口就业率达90%以上，获用人单位好评。在国际合作方面也开展了有益探索，南京铁道

职业技术学院、天津铁道职业技术学院先后为越南、坦桑尼亚、赞比亚等国培训铁路系统的技术管理人员；郑州铁路职业技术学院与俄罗斯圣彼得堡国立交通大学联合成立欧亚交通学院，并开设了铁道机车车辆、电气化铁道技术等6个轨道交通类专业。

在中国职教学会指导下，2008年5月，成立了轨道交通职业教育委员会。委员会成员单位由全国铁路和城市轨道交通企业、学校100余家单位组成，下设思想政治及学生工作研究会、教学工作研究会、人才需求工作研究会、校企合作工作研究会、职工培训工作研究会，由校企相关负责人分别担任研究会主任。其中教学工作研究会包含运输、信号、通信、机车、车辆、供电、工程等7个专业指导委员会，该7个专业指导委员会同时也是中国铁路总公司牵头成立的教育部全国铁道行业教学指导委员会的各专业委员会。轨道交通专业委员会成立后，主要开展高层论坛、校企交流、技能大赛、专业教师培训和专业课程建设等工作，传播先进的职业教育理念，增进校企、校校合作交流，扩大学会、学校在行业内的影响，从而有效提高各校人才培养的质量。

四、铁路企业文化：重视职工教育培训

人才具有层次结构：既要有帅才、将才，还得有工匠。习近平总书记在十九大报告中指出："建设知识型、技能型、创新型劳动者大军，弘扬劳模精神和工匠精神。"

以350公里时速的高铁为例，动车组以每秒97米的速度飞快运行，而最考验的是受电弓上方的接触网，每米导线的平直度要控制在0.1毫米以内，仅比我们的头发粗一点点，在绵长的导线上保证精度简直比绣花还难。在运行过程中，弓网关系必须保持密贴顺滑的动态耦合，使强大的电流源源不断地输送到受电弓上。接触网导线平直度稍有瑕疵，就可能导致弓网

图 7.6　石武高铁接触网施工

分离产生电弧，轻则损毁设备，重则将导致行车事故。回想当年，我国最初的铁路电气化施工，没有专用的工具设备，没有大型施工机械，更没有自动升降作业车和先进的恒张力架线车，老一辈电气化人就是靠人拉肩扛土法上马，再加上精益求精的工匠精神，硬是靠着双手将接触网导线一米一米地架设、一公里一公里地延伸。

【知识链接】层次结构

　　美国斯隆管理学院提出，现代管理应采取层次结构的组织方式。这种层次结构称为"安东尼结构"。该结构把经营管理分为三个层次：战略规划层、战术计划层和运行管理层。这三个层次具有不同的功能，如表 7.1 所示。

表 7.1 经营管理的三个层次

	战略规划	战术计划	运行管理
层次	最高层	中层	基层
主要关心的问题	是否上马，什么时候上马	怎样上马	怎样干好
时间幅度	3～5年	两个月至半年	周、月
视野	宽广	中等	相对狭窄
信息来源	外部为主、内部为辅	内部为主、外部为辅	内部
信息特征	高度综合	中等汇总	详尽
风险程度	高	中	低

与此相应，对不同层次的管理人员应该有不同的能力要求。美国管理学家罗伯特·卡茨提出的不同层次管理者的能力结构如表 7.2 所示。

表 7.2 不同层次管理者的能力结构

	战略眼光	协调能力	技术能力
高层	47%	35%	18%
中层	31%	42%	27%
基层	18%	35%	47%

注：表中数字为该能力权重所占的百分比。

在轨道交通领域的层次结构（以客运为例）如表 7.3 所示。区分轨道交通不同层次的主要参数有三：站间距、最高运营速度与供电电压。

表 7.3 不同层次轨道交通的主要参数表

层 次	平均站间距（公里）	最高运营速度（公里／小时）	供电电压（伏）
高速铁路	30～60	250～350	AC25 000
城际铁路	10～20	160～200	AC25 000
市郊铁路	4～7	120～160	AC25 000
地铁	1～1.2	80～100	DC1 500
轻轨	0.8～1	70	DC1 500、DC750
现代有轨电车	0.6～0.8	50～60	DC750、DC600

层次结构具有一系列优势。

层次结构能充分利用有限的空间，具有高效率、低能耗的特征。如在大自然的生态系统中，森林里的乔木、灌木、草本、地被各层次具有相应的根系，由于分层，就能最充分地利用阳光、空气和养分；一棵大树如果不是采用分层（分叉）繁殖，而是所有树叶都直接长在树干上，那就容纳不了那么多的树叶。有经验的渔民，分三层饲养不同品种的淡水鱼，就可以大幅度提高产量；拿破仑命令士兵由原来的用同一种姿势射击，改变为分别用站、跪、卧三种姿势同时射击，杀伤力大为提高。又如，人才必须具有层次结构，既要有帅才、将才，又要有大批能工巧匠，才能满足全社会多方面的需要。

具有层次结构的系统，可以使系统的复杂性与其规模相对无关。例如，在一个具有层次结构的系统中，一位管理干部只要和几位上级、几位下级、几位同级干部紧密合作就行，不管他本人处在哪个层次，他所直接联系的人数大致相同，对系统的其他部分只需保持一般的联系。可见，层次结构消除了系统规模和复杂性之间的联系，使超大系统也得以正常运转。

我国高铁采用了大量新技术，这就要求高铁建设者和运营管理者必须具备较高的专业素养和实际操作水平，所以需要建立一支知识型、技能型、创新型的劳动大军。

以高速列车为例，"复兴号"高速动车组有 50 多万个零件，不仅制造精度高，组装起来也要"一丝不苟"，如转向架的精度要求必须控制在 0.04 毫米以内。当人们乘坐高铁动车时，车辆的舒适和平稳靠的就是转向架，转向架环口部位的焊接工艺，直接关系着高速动车组在运行过程中的平稳和安全。为了减少焊接段数，中车长客股份公司的全国劳动模范、党的十九大代表、高级技师李万君，创造了一套一枪焊接完成转向架环口的技术，可以将 600 毫米周长的环口焊接一气呵成，不留任何瑕疵。中车长客股份公司先后组织培训近 160 场，培训焊工 1 万多人次，创造了 400 余名新工人提前半年全部考取国际焊工资质证书的"培训奇迹"，培养出一批技能精湛、职业操守优良的技能人才，为打造"大国工匠"储备了坚实的新生力量。铁路企业重视职业技能培训已成为一种企业文化。

近几年来，随着我国高端制造业的迅速发展，一批又一批轨道交通装备制造业的"大国工匠"活跃在公众视野。媒体广泛报道的上述范例具有代表性，对铁路企业一线工人学技术、练本领、努力提高技能的企业文化作了精准描述。

我国铁路部门的职工教育早在铁道部成立以来，就被列入铁路工作的议事日程。1949 年，全国铁路职工 41.52 万人，文盲、半文盲占 72%，技术人员仅占 1.15%。当时正值国民经济恢复时期，日益开展的铁路新线建设对铁路人才在数量和质量上都提出了迫切要求。原铁道部针对这种现状，把培养人才、提高职工队伍素质的工作作为铁路整体工作的重要组成部分，按年度进行计划和安排，相继开展了扫盲运动、业余教育和技术教育，恢复建立了铁路职工教育机构。

改革开放以来，经过 3 年的大力恢复，铁路教育获得了新的生机，受教育者的数量不断增加，教育质量得到提高。但铁路职工队伍的文化技术水平远远不能适应铁路发展的需要。据 1982 年底统计，在当时的 265 万铁路职工中，文化程度相当于大学的仅占 3.7%，中专程度占 6.3%，初中以下的将近 70%，还有相当数量的文盲、半文盲；科级以上干部具有大中专文化程度的只有 1/4，70% 以上的技术工人未经专业训练。

为此，铁道部先后制订了《八十年代铁路教育发展规划》《关于加强铁路职工教育工作的决定》《关于加强铁路教育工作的决定》《关于铁路教育改革的方案》《关于铁路教育体制改革的决定》等一系列文件，并成立了铁道部职工教育委员会，为铁路职工教育做出全面部署，使铁路职工教育进入了新的发展时期。其间多次召开全路教育工作会议，研究、讨论、制定铁路教育发展的规划和措施，把加快铁路教育改革、培养造就更

多人才，当作紧迫的重大任务来抓，并采取多种渠道和多种改革措施培养又红又专的各级各类人才，做到尽量多出人才、快出人才、出好人才，使铁路教育逐步走上健康发展之路。

进入 21 世纪，我国铁路部门先后建立了高速铁路技术培训中心、铁路继续教育高新技术基地、高速铁路事故救援培训中心、高速铁路职业技能训练段等，满足不同专业、不同岗位的人员培训需求，形成了高速铁路三级培训教育体系。还先后出台了《高铁一线关键专业技术岗位资格条件》《高速铁路主要行车工种岗位标准》等规章制度。在培训内容上，既有理论学习又有实践操作，既包括本专业的知识又包括跨专业的知识，以适应高素质综合性人才的新要求。

为加强人员培训，除制定《动车组司机》《动车组机械师》等 86 种国家职业标准和培训规范外，还制定了一系列高速铁路岗位标准和培训规范，包括动车组司机、动车组机械师、动车组列车员（长）、高速铁路接触网维修、高速铁路变配电检修、高速铁路线路维修、高速铁路现场信号设备维修、动车组列控车载信号设备维修、高速铁路控制中心信号设备维修、高速铁路通信综合维修、动车组车载通信设备维修等岗位标准和

图 7.7　驾驶动车　罗春晓摄

培训规范。

我国铁路部门明确规定，关键技术岗位的员工必须经过培训才能上岗。例如，动车组司机是从现职火车司机中选拔培养的，其基本条件是担任火车司机 2 年以上、安全驾驶 10 万公里以上，且年龄不超过 45 周岁，同时要具有中专及以上学历。在此基础上，在动车组驾驶适应性测试合格后，还必须经过理论学习和实际操作两部分的培训和考核，才能取得动车组司机驾驶证。

理论培训包括行车安全规章、专业知识两个科目。行车安全规章涵盖《铁路安全管理条例》等国家安全法规，以及《铁路技术管理规程》等铁路行业技术规章制度。专业知识包含动车组技术理论知识和高速铁路相关理论知识。

动车组技术理论知识涵盖总体构造、转向架、牵引传动系统、制动系统、控制系统、网络信息系统、列车运行控制系统、司机室控制设备等。高速铁路相关理论知识涵盖高速铁路及动车组技术、行车组织和调度指挥系统、动车组通信信号系统、牵引供电与接触网、铁路线路与道岔、人机工程与行车安全等内容。

实际操作培训包括检查试验、驾驶两个科目。主要涵盖动车组司机室设备静态检查及试验，行车安全装备操作，动车组模拟驾驶装置操纵，非正常行车和故障处理流程演练，动车组重联、解编、救援、无动力回送操作，以及动车组联检作业、动车组司机标准化作业等项目和要点。

参加培训的司机凭理论考试合格证明，经过动车组上不少于 3 个月的实际操作训练后，才可申请参加实际操作考试。

理论考试和实际操作考试之后，合格者名单及成绩通过审核、公示等程序后，由国家有关部门颁发"动车组司机驾驶证"。在取得动车组司机驾驶证后、正式上岗前，司机还需进行值乘区段看道、实际操纵练习，经鉴定合格后方可上岗。

正式上岗后，各铁路局集团有限公司将每年对动车组司机

进行一次职务鉴定。鉴定以年内本人日常工作实绩为主，并结合年内规章考试和作业标准化考核进行，鉴定不合格者，不准上岗值乘。

下面以中国铁路上海局集团有限公司上海动车段为例，帮助读者了解高铁企业的技术工作与职工教育。

上海动车段地处我国经济最发达的长江三角洲，主要承担高速动车组一至五级检修和运用任务。按规定，动车组各级检修的修程（列车在上一次检修后的运行里程）分别为：一级——3 000公里，二级——10万公里，三级——120万公里，四级——240万公里，五级——480万公里。上海动车段目前负责跟踪、检修402组动车组（共有"复兴号"等8种车型），是全国配属动车组最多、检修工作量最大的动车段。

为保证行车安全，运行中的高速动车组通过列车网络控制系统进行安全监控。以"复兴号"为例，网络监控系统利用安装在列车各处的2 500多个不同类型的专用传感器，各种性能监测数据不仅显示在司机室内列车监控中心的显示屏上，同时还将关键数据通过专用网络通道（包括无线网络）发送到动车段。其中有人们特别关注的车辆转动部分（如齿轮箱、轴承等）的温度。这些实时信息可以马上传送到监控中心和动车段等重要终端。由此，人们可以在上海动车段"动车组健康管理与运维决策系统"的大屏幕上，找到运营中的任何一列高速动车组上的任何一个轴承等运动部件的温度及其变化曲线。通过大量数据的积累，在云图上可以发现该设备温度在图上所显示的位置。如果该设备数据离散在云图的边缘（即不在海量数据的密集区域），就表示其工作情况出现异常，动车段工作人员可以马上连线随车的专职机械师。由于在运维决策系统中，已经储存了应对故障的应急处置预案，因此工作人员可以远程指挥随车机械师对故障设备采取措施，随时随地守护高速动车组的运行安全。

动车段运维决策系统通过海量数据的积累，还可以知道某动车组的某一重要零部件（如主变压器）必须更换。采取这样的"靶向疗法"，就可以防止"打击一大片"，能使整个维修工作量减少80%。

2004年，我国引进了高速动车组的先进制造技术，通过消化、吸收、再创新，2008年8月1日京津城际高铁开通，第一列时速300公里以上的"和谐号"CRH3高速动车组投入商业运营。由于当时没有同步引进运维技术，广大铁路员工就"在游泳中学会游泳"，十年磨一剑，通过自主创新，不断摸索，将智能技术、互联网、移动通信、大数据、云计算等高新技术融入高铁动车组的维修保养全过程，取得了一系列重要的自主创新成果：大到动车组健康管理与运维决策系统，小到工人自己设计的不同类别工具车。人们一走进动车段宽敞、明亮、有序的动车检修车间，就会有醒目的大标语映入眼帘："今天你提出合理化建议了吗？今天你改善了吗？"到处洋溢着创新精神。

在上海动车段，员工的工作方式分为A、B、C、D四个等级，员工按照各自的技术等级有序参与各项维修任务。动车段经常举行各种形式的技术培训和经验交流，并进行员工技术水平考核。随着高铁技术的不断进步，整个铁路系统已经成为一所培养创新人才的大学校。

我国铁路的企业教育是贯穿铁路行业从业人员的终身教育。原加拿大庞巴迪公司总裁、现任美国加州高铁局局长的莫拉雷在访华期间曾对我国的铁路人才教育给予很高的评价。他坦言，在他所在的高铁局中仅有20%的职工具备铁路专业背景，而绝大部分的职工都是通过外包方式招募的，他非常羡慕中国企业能培养出大批优秀的高铁工程师。

铁路高等教育、铁路职业技术教育和铁路企业教育共同构成了我国铁路的人力资源支撑体系，在新时代建设"交通强国"的重要历史时期，为整个铁路系统提供坚实有力的人才保障，发挥着越来越重要的作用。

五、为"一带一路"输送人才

在推进"一带一路"建设的过程中，无论在"一带一路"倡议的理论方面，还是在推进项目实施的实践方面，都需要一批国际化、复合型人才。"一带一路"沿线各国基础设施建设项目多数是大项目，不仅投资大、周期长，并且运行、维护及其对人才的要求都比较高，因此，对铁路有关高校与职业技术院校所培养人才的整体素质和综合能力都提出了新的要求。

在"一带一路"背景下，我国有关普通高校与职业技术院校还应致力于人才培养培训合作。一方面，面向国内，培养既懂工程又懂管理、既懂外语又懂商务、既懂法务又懂文化的复合型高级人才；另一方面，面向沿线国家，加大引入来华留学生力度，提升留学人才培训质量。配合国内高铁等行业企业"走出去"，在沿线国家开展多种形式的合作办学，举办多层次的专业培训，在急需的专业领域联合培养学生。

2016 年 7 月，中国教育部发布《推进共建"一带一路"教育行动》，强调教育为国家富强、民族繁荣、人民幸福之本，发出了共建"一带一路"教育共同体的号召。

加强沿线国家教育交流合作，特别是高等教育合作，理应成为共建"一带一路"教育共同体的重要组成部分。目前，国内高校已与"一带一路"沿线各国高校建立了不同形式的人文交流机制，比如中俄大学校长峰会、中埃大学校长论坛、中以大学校长论坛、中国—东盟教育交流周、中非高校"20 + 20"合作计划等。国内部分高校与沿线国家的高校还建立了不同形式的境外合作办学，无论"走出去"还是"引进来"都呈现出可喜的态势。

在"走出去"方面，厦门大学成立马来西亚分校，北京交通大学建立中俄交通学院，苏州大学成立老挝苏州大学，西南交通大学正在加紧推进共建印度铁道大学和筹建埃塞俄比亚铁道研究院等。在"引进来"方面，仅以深圳地区为例，莫斯科大学和北京理工大学已在深圳开展合作办学。可以说，高等教育合作在促进中华文明和其他异域文明的对话交流，促进沿线各国人民相亲相知、民心相通中发挥着越来越重要的作用。

2018 年 5 月 20 日，全球首个"一带一路"标准化教育与研究大学联盟（以下简称"联盟"）在浙江杭州中国计量大学成立。

"联盟"由首届 ISO 标准化高等教育奖获得学校和国际标准化人才培训基地建设单位——中国计量大学，联合清华大学、浙江大学、南京大学、西安交通大学、上海交通大学等 10 所国内高校，和韩国中央大学、荷兰伊拉姆斯大学、加拿大魁北克大学高等技术学院等 3 所获 ISO 标准化高等教育奖的国外学校共同发起筹建。目前，已有来自 30 个不同国家和地区的 105 所高校加盟，其中境外高校 37 所，涉及 19 个"一带一路"沿线国家。

2017 年 5 月 14 日，习近平主席在"一带一路"国际合作高峰论坛上强调将"一带一路"建成繁荣之路，要努力促进政策、规则、标准三位一体的联通。"联盟"的成立，将通过共商、共建、共享标准化教育与研究国际合作创新平台、协作平台和示范平台，开展高校间标准化教育与研究合作交流，以标准化文化交流搭起"一带一路"民心相通之桥。

在"联盟"成立大会上，105 所高校的与会代表联合发布了《杭州宣言》，表示将秉承"团结互信、平等互利、包容互鉴、合作共赢"的理念，以"标准化教育与研究"为题，共商合作大计，共建合作平台，共享合作成果，齐心助力全球标准化教育、研究和人才队伍建设共同发展。

西南交通大学校长徐飞在"第九届世界高铁大会"上发表了题为"高铁未来与大学教育"的演讲，为了更好地推动全球范围内交通大发展、高铁大发展，以及高铁驱动下的政治、经济、科技、商贸和教育人文交流，他在演讲中提出了四点倡议：

第一，成立国际高铁教育联盟，搭建信息沟通与资源共享平台，建立产教融合与协同创新机制，推进国际的交流与合作，联合培养国际化高铁人才。

第二，建立国际高铁教育认证协会，构建高铁国际化教育认证和职业认证体系，制定国际实质等效的专业认证和职业认证标准，系统设计认证制度，组织实施认证过程，决定并发布认证结论等，为高铁教育的人才培养和培训内容提供科学标准。

第三，推进高铁教育课程的国际化。加强国际高铁教育课程和教材建设的互动和沟通，加大数字化教育力度，实现教育资源的共建共享。

第四，加强对欠发达国家和地区高铁人才培养培训支持力度，为欠发达地区高铁发展提供科技支撑和人才支撑。

关于"一带一路"背景下我国铁路职业技术教育的发展，业界形成了以下共识。

第一，开展中外合作办学、培养沿线国家本土化人才。铁路职业技术院校必须紧跟"一带一路"建设步伐，修订人才培养方案，充分利用现有资源，与先进国家职业教育院校进行双向合作办学，实现专业课程的融合和职业资格证书的互认；与沿线国家进行职业技术教育国际合作与交流，实行学生互换、教师互派，不仅培养中国人才，同时也面向海外留学生或在华工作的外籍人士，开展各种形式的技能培训。

第二，加强沿线国家的语言文化教育。汉语和所在国家"非通用"的语言文化教育，是实施"一带一路"建设项目的基础性工程，也是职业院校实现国际化的重要途径。当然，语言文化教育只是铁路职业技术教育走向国际化的基本工具，最根本的还是要靠铁路职业技术院校自身的办学质量。

第三，铁路职业技术教育院校应加强自身的内涵建设，练好"内功"。根据职业技术教育办学特色，院校要与政府、行业、企业深度融合，实现协同育人、共同创新，以职教集团的形式构建职教联盟，合力实现职业教育"走出去"的共同目标。

"一带一路"倡议提出 5 年来，中国的职业技术教育开始走出国门，进入了亚欧的"一带一路"沿线国家。在 2018 年 9 月举行的"中非合作论坛北京峰会"开幕式上，中国国家主席习近平表示，中国决定同非洲加强发展经验交流，将在非洲设立 10 个"鲁班工坊"，向非洲青年提供职业技能培训。

鲁班工坊因"鲁班"而得名。众所周知，"鲁班"是中国古代的一位杰出工匠和发明家，"鲁班工坊"是中国职业教育走出国门与世界分享的重要平台，不仅已在亚洲多国开花结果，还走进了欧洲。

2015 年，在国家教育部指导下，天津市教育委员会启动"鲁班工坊"项目研究。一年后，天津渤海职业技术学院在泰国大城技术学院成立中国首所境外鲁班工坊。此后，在天津其他几所中高等职业院校的努力下，另有 4 所鲁班工坊相继在英国、印度、印尼和巴基斯坦建立，旨在联合当地职业院校为"走出去"的中国企业及沿线国家本土企业培养职业技术人才。

2016 年 3 月，随着天津渤海职业技术学院在泰国大城技术学院建立中国第一个海外鲁班工坊，EPIP（工程、实践、创新、项目的英文首字母缩写）以鲁班工坊项目为载体，伴随着"一带一路"走出中国，与世界共享。EPIP 概括了中国职业技术教育最核心的四个部分，也是中国职业技术教育的核心理念。

以印度为例，当中国企业走出去后，设备安装、运行和维修需要大量当地技术人才，但印度技术人才比较紧缺。中国公司最初的想法是将大批印度员工送来天津培训，正好当时天津市教委已提出建立鲁班工坊的倡议，印度第一个鲁班工坊就这样诞生了。印度鲁班工坊开设了四个专业，包括光伏发电技术与应用、数控设备应用与维护、机械设计与制造（3D 制作）及工业机器人。这些专业都是当地急需的，也是中资企业

"走出去"所需要的专业。截至 2018 年 8 月，天津现代职业技术学院和巴基斯坦旁遮普省技术教育与职业培训局，在拉合尔市合作成立了中国在海外的第五所鲁班工坊。

在中国，"鲁班"象征着精湛的技能和精益求精的精神。职业技术教育就是要弘扬鲁班精神。

第八章

"一带一路"倡议与铁路"走出去"战略

2013年9月7日，习近平主席访问哈萨克斯坦，应邀在纳扎尔巴耶夫大学发表演讲，首次提出了加强政策沟通、道路联通、贸易畅通、货币流通、民心相通，共同建设"丝绸之路经济带"的倡议。同年10月3日，习近平主席在印度尼西亚国会演讲时进一步提出，中国致力于加强同东盟国家的互联互通建设，愿同东盟国家发展好海洋合作伙伴关系，共同建设"21世纪海上丝绸之路"。这两次演讲就是"一带一路"的源头。

五年来，"一带一路"使古老的丝路焕发出新的蓬勃生机。在丝路精神召唤下，"一带一路"已经成为最受欢迎的国际公共产品，成为构建人类命运共同体的伟大实践。"一带一路"从理念转化为行动，从愿景转变为现实，取得了丰硕成果。

以铁路"走出去"为例，截至2018年8月，中老铁路、中泰铁路正在有序推进，印尼雅万高铁的进展速度在当地创纪录；中欧班列已累计开行1万列。中欧班列自开行以来，从国外带回很多商品，比如法国红酒、奶酪，德国啤酒、牛肉等，可谓物美价廉；同样，很有特色的中国产品运到了国外。

"一带一路"有八个方面的重点领域，它们是：基础设施互联互通、经贸合作、产业投资合作、能源资源合作、金融合作、人文交流合作、生态环境合作与海上合作。据《推动共建丝绸之路经济带和21世纪海上丝绸之路的愿景与行动》，要力求建立六大陆上国际经济走廊，即新欧亚大陆桥、中蒙俄、中国—中亚—西亚、中国—中南半岛、中巴以及孟中印缅走廊；海上丝绸之路的两个重点方向：一是从中国沿海港口过南海到印度洋并延伸至欧洲，二是从中国沿海港口过南海到南太平洋。

一、"一带一路"打造"人类命运共同体"

"一带一路"不是一个实体，而是合作发展的理念和倡议，是依靠中国与有关国家和地区既有的双多边机制，借助既有的、行之有效的区域合作平台，旨在借用古代"丝绸之路"的历史符号，高举和平发展的旗帜，主动地发展与沿线国家和地区的经济合作伙伴关系，共同打造政治互信、经济融合、文化包容的利益共同体、命运共同体和责任共同体。

"一带一路"对于沿线国家和中国来说，都是建设国际市场的战略机遇。国际市场的关键因素是消费者的规模。中国有13亿人口，加上印度就有26亿，与沿线国家合起来共有40亿人口，占了全球一半以上。在"一带一路"国际市场上沿线国家有很多合作的理由，要整合各方资源用于推动"一带一路"国际市场建设，共同合作，创造多赢格局。

"一带一路"以"五通"（政策沟通、设施联通、贸易畅通、资金融通和民心相通）为主要内容。

基础设施互联互通是"一带一路"建设的优先领域。这里说的基础设施建设不仅指交通建设，还包括油气管道、输电网、跨境电缆建设、通信等，但重点是交通设施建设。俗话说：要致富，先修路。因为"一带一路"沿线国家在交通设施领域普遍欠发达，高山、大河、沙漠不时阻隔交通，给物流和人员交流带来不便，而这正是"一带一路"设施联通要解决的问题。

"一带一路"是有史以来规模最大的发展计划，旨在填补不断扩大的基础设施缺口，因为这一缺口使许多新兴国家失去了发展机会。

"一带一路"倡议寻求建设"人类命运共同体"。为了达到这一目标，"一带一路"倡议计划填补耗资巨大的基础设施缺口。修建公路、铁路、港口和机场将使沿线国家能够突破关键瓶颈,发展经济。这一计划将涉及世界三分之二以上的人口,可能影响到33%的全球经济,以及全球四分之一的商品和服务。

重建从亚洲到欧洲和非洲的"一带一路"项目势头强劲,例如泛亚铁路联络线(图8.1)。我国建议通过一系列高速铁路将东南亚国家与我国西南地区连接起来。有三条路线计划:一条是穿过老挝、泰国和马来西亚通往新加坡的中线;一条是穿越缅甸的西线;一条是经由越南和柬埔寨的东线。该项目正处于不同的开发阶段,它一定会产生重要和深远的影响。

再如非洲铁路,人们设想从非洲东部的埃塞俄比亚到西部的塞内加尔要用新的更快的列车来取代老旧的殖民时代列车。其中一个关键项目就是通过高速铁路网络将肯尼亚港口城市蒙巴萨与卢旺达和乌干达等内陆邻国连接起来。蒙巴萨和肯尼亚首都内罗毕之间的蒙内铁路(造价38亿美元的客货运输线路)已投入运营一年多,它把旅程时间缩短了一半,同时降低了运输费用。

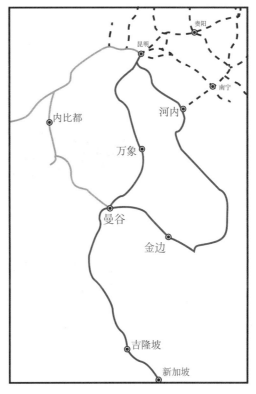

图 8.1 泛亚铁路示意图

二、"一带一路"上的"钢铁驼队":中欧班列

中欧班列是指按照固定车次、线路、班期和全程运行时刻表开行,往来于中国与欧洲以及"一带一路"沿线国家的国际铁路联运快速货物列车,是适合装运集装箱的货运编组列车。中国铁路总公司铺划了3条中欧班列通道:西部通道由我国中西部经阿拉山口(霍尔果斯)出境,中部通道由我国华北地区经二连浩特出境,东部通道由我国东南部沿海地区经满洲里(绥芬河)出境。

图 8.2　满洲里铁路口岸

【知识链接】集装箱运输

　　它是以集装箱为运输单元的货物运输，先将货物装入集装箱，再用车、船、飞机载运。集装箱在运输过程中起吊、搬运、积载、堆存等作业，或由一种运输方式转到另一种运输方式时，不需拆箱换装，而是以箱为单位进行操作。在发货地装箱发货后，可直接运到收货地卸货。其主要优点是：提高装卸效率，降低劳动强度；避免货物倒载，防止货损货差；加速车船周转，加快货物送达；节省包装费用，简化理货手续；减少营运费用，降低营运成本。在国际货物多式联运中广为采用。中国自 1973 年开始国际集装箱试运，已在海上、铁路、公路、江河、航空等运输中普遍推广。

2018 年 8 月 26 日，随着 X8044 次中欧班列（汉堡—武汉）到达武汉吴家山铁路集装箱中心站，中欧班列累计开行数量达到 1 万列。自 2011 年开行以来，中欧班列快速发展，规模数量呈现井喷式增长，有力促进了中国对外开放和"一带一路"沿线国家经贸往来。至今，中欧班列已成为"一带一路"建设的标志性成果，被喻为"一带一路"上的"钢铁驼队"。

自 2011 年开行以来，中欧班列快速发展。其中，2011 年至 2016 年历年分别开行 17 列、42 列、80 列、308 列、815 列、1 702 列。进入 2017 年，中欧班列实现井喷式增长，全年开行 3 673 列，同比增长 116%，超过 2011—2016 年前六年开行数量总和。2018 年继续保持快速增长势头，上半年共开行 2 490 列，同比增长 69%。返程班列比例稳步提升，2017 年同比增长 123%，占去程的 53%；2018 年上半年同比增长 100%，占去程的 69%。

中欧班列西、中、东三条通道的开行情况如下：

1. 重庆—杜伊斯堡

从重庆团结村站始发，由阿拉山口出境，途经哈萨克斯坦、俄罗斯、白俄罗斯、波兰至德国杜伊斯堡站，全程约 11 000 公里，运行时间约 15 天。货源主要是本地生产的信息技术产品，2014 年已开始吸引周边地区出口至欧洲的其他货源。首列于 2011 年 3 月 19 日开行，截至 2016 年 6 月，据国家海关统计，重庆市开出的渝新欧班列班次数量占全国中欧班列数量的 45% 左右，其货值占所有从新疆阿拉山口出境的中欧班列货值总量的 85%。2017 年 3 月 23 日，中欧（重庆）班列开行 6 年后突破 1 000 列，成为中国首个突破千列的中欧班列。2018 年 6 月 28 日，一列满载电子产品的列车从重庆团结村中心站驶出，标志着中欧班列（重庆）累计开行量达到 2 000 列。

2. 成都—罗兹

从成都城厢站始发,由阿拉山口出境,途经哈萨克斯坦、俄罗斯、白俄罗斯至波兰罗兹站,全程 9 965 公里,运行时间约 14 天。货源主要是本地生产的 IT 产品及其他出口货物。首列于 2013 年 4 月 26 日开行。

3. 郑州—汉堡

从郑州圃田站始发,由阿拉山口出境,途经哈萨克斯坦、俄罗斯、白俄罗斯、波兰至德国汉堡站,全程 10 245 公里,运行时间约 15 天。货源主要来自河南、山东、浙江、福建等中东部省市。货品种类包括轮胎、高档服装、文体用品、工艺品等。首列于 2013 年 7 月 18 日开行。

4. 苏州—华沙

从苏州始发,由满洲里出境,途经俄罗斯、白俄罗斯至波兰华沙站,全程 11 200 公里,运行时间约 15 天。货源为苏州本地及周边的笔记本电脑、平板电脑、液晶显示屏、硬盘、芯片等信息技术产品。首列于 2013 年 9 月 29 日开行。

5. 武汉—捷克、波兰

从武汉吴家山站始发,由阿拉山口出境,途经哈萨克斯坦、俄罗斯、白俄罗斯到达波兰、捷克、斯洛伐克等国家的相关城市,全程 10 700 公里左右,运行时间约 15 天。货源主要是武汉生产的笔记本电脑等消费电子产品,以及周边地区的其他货物。首列于 2012 年 10 月 24 日开行。

6. 长沙—杜伊斯堡

始发站在长沙霞凝货场,具体实行"一主两辅"运行路线。"一主"为长沙至德国杜伊斯堡,通过新疆阿拉山口出境,途经哈萨克斯坦、俄罗斯、白俄罗斯、波兰、德国,全程 11 808 公里,运行时间 18 天,2012 年 10 月 30 日首发。"两辅"一是经新疆霍尔果斯出境,最终抵达乌兹别克斯坦的塔什干,全程 6 146 公里,运行时间 11 天;"两辅"另一条经二连浩特(或满洲里)出境后,到达俄罗斯莫斯科,全程 8 047 公里（或 10 090 公里），运行时间 13 天（或 15 天）。

7. 义乌—马德里

自义乌铁路西站始发，终点站为西班牙马德里，这条线路贯穿新丝绸之路经济带。通过新疆阿拉山口口岸出境，途经哈萨克斯坦、俄罗斯、白俄罗斯、波兰、德国、法国至西班牙，全程 13 052 公里，运行时间约 21 天。首趟义乌至马德里班列为 41 节编组，运载 82 个标准集装箱出口，全长 550 多米，于 2014 年 11 月 18 日上午 11 点多首发，是当前中国行程最长、途经城市和国家最多、境外铁路换轨次数最多的国际货物列车。

与其他"中欧班列"相比，"义新欧"班列创下了"五个第一"：一是运输线路最长。比原来线路最长的"苏满欧"班列（全程 11 200 公里）长 1 850 公里，是所有中欧班列线路中

图 8.3　中欧班列行驶在陆桥通道上　罗春晓摄

最长的一条。二是途经国家最多。除了中国、哈萨克斯坦、俄罗斯、白俄罗斯、波兰、德国以外，还增加了法国、西班牙，共计 8 个国家，几乎横贯整个欧亚大陆。三是国内穿过省份最多。从浙江出发横贯东西，经过安徽、河南、陕西、甘肃，在新疆阿拉山口口岸出境，共计 6 个省（自治区）。四是境外铁路换轨次数最多；其他"中欧班列"在哈萨克斯坦、波兰两次换轨，"义新欧"中欧班列还需在法国与西班牙交界的伊伦进行第三次换轨。五是与第一批列入"中欧班列"序列的重庆、成都、郑州、武汉、苏州城市相比，义乌是第一个开通中欧班列的县级市。

上述班列开行初期，各地政府通过补贴等措施培育市场，为保证班列稳定开行、树立中国至欧洲铁路国际联运品牌和实施"一带一路"倡议提供了有力支撑。

8. 哈尔滨—俄罗斯

2015 年 2 月 28 日，一列满载石油勘探设备的集装箱货运班列从哈尔滨香坊火车站开出，10 天后它将到达俄罗斯中部的比克良火车站。这标志着中国最北省份黑龙江省首趟中欧班列正式上线运营，将成为深化对俄全方位交流合作，开创黑龙江沿边开放升级的新格局。班列全程运行 6 578 公里，经滨洲铁路 1 004 公里到达满洲里口岸站出境，再经俄罗斯西伯利亚大铁路 5 574 公里到达比克良站。通过铁路国际货物班列运输货物，黑龙江省到达俄罗斯中部地区比空运可节省运费四分之三左右，较普通零散运输，运到时间可缩短三分之二以上，运费可节省 25% 以上。

9. 哈尔滨—汉堡

2015 年 5 月 25 日，哈欧国际物流有限公司筹备大会召开。为实现"利用满洲里至绥芬河铁路通道，打造一条起自黑龙江通达俄罗斯和欧洲腹地的新'丝绸之路'"的目标，黑龙江省引进北京长久国际物流公司、美国 UTI 国际物流集团、大连港集团与哈尔滨铁路局共同合作开通哈欧班列。哈欧班列东起哈尔滨，经满洲里、俄罗斯后贝加尔到赤塔，转入俄西伯利亚大铁路，经俄罗斯的叶卡捷琳堡和莫斯科到波兰的马拉舍维奇至终点德国汉堡，全程9 820公里。凭借"距离近、速度快、成本低"的优势，哈欧班列已经引起国际关注。德国大汉堡地区、巴伐利亚州、下萨克森州政府都希望与哈欧公司合作。法国、瑞士等国家的铁路运营公司也表示愿意就哈欧班列欧洲延伸段开展合作。

10. 保定—白俄罗斯明斯克

2016年4月26日上午首发，首趟冀欧班列装载了41个标准集装箱，是国内首列开往中白工业园的货运班列，也是华北地区第一条直达欧洲的陆运通道。从保定始发，由满洲里出境，途经俄罗斯，最后抵达白俄罗斯明斯克，全程约9 500公里，用时12～14天。货源主要来自京津冀地区，货品种类包括塑料制品、汽车及配件、橡胶及其制品、服装皮革毛皮制品、日用电器、有机玻璃制品、毛巾等日常生活用品等。

11. 西宁—安特卫普

2016年9月8日，青藏高原首趟中欧班列从青海省西宁市双寨铁路物流中心发出，前往位于比利时的欧洲第二大集装箱港口安特卫普，运行全程约需12天，主要运输藏毯、枸杞等青海当地特色产品。

12. 广州—莫斯科

2016年8月29日开通，从广州大朗站始发，由满洲里出境，直达俄罗斯莫斯科。全程11 500公里，共41节集装箱，用时15天到达目的地。现每周准时发运，为珠三角地区的中欧对外贸易商提供了更加便捷稳定的运输通道，同时弥补了华南地区电子类、日用商品类出口贸易在运输时效上的不足，为中国商品出口欧洲、欧洲产品进入中国开辟了一条国际进出口贸易新通道。

13. 青岛—莫斯科

2017年6月24日，在青岛海关监管下，装载41个集装

箱的班列从青岛多式联运海关监管中心出发，经满洲里口岸出境，直达俄罗斯莫斯科，这标志着青岛正式开通中欧班列。集装箱内装有青岛当地的机械装备、轮胎橡胶、家电等货物。班列全程 7 900 公里，运行时间约 22 天，比海运运输节省约 30 天。在海关等口岸单位推动下，青岛已开通中亚、中蒙等国际班列。随着青岛中欧班列的开通及线路延伸，北达俄蒙、南连东盟、东至日韩、西到欧洲的国际物流通道网络逐步形成。2018 年 6 月，上海合作组织成员国元首理事会第十八次会议在青岛举行，作为"一带一路"倡议中新亚欧大陆桥经济走廊的主要节点和海上合作的战略支点城市，近年来，青岛在扩大对外开放合作方面取得令人瞩目的成就。

2018 年 5 月 7 日下午，青岛地区第 3 016 列中亚班列满载着 31 节车厢从韩国经水路而来的货物，从中铁集装箱青岛中心站鸣笛出发，10 天后，它将抵达目的地哈萨克斯坦，比传统的海运方式缩短 30 天。现在是 1 周 3 列的密度，14 天之内可以达到中亚五国任何一个地方。中国铁路对这种过境货物采取了优惠价格，运费打 4 折，以实现合作共赢。目前，中铁集装箱青岛中心站已开通中亚、中欧、中韩、中蒙、东盟等 5 条国际班列和快线，来自世界各地的货物在这里汇集，构建海铁联运物流大通道。而距离中心站不足 10 公里的胶东国际机场主体工程将在 2018 年底竣工，机场周围 149 平方公里土地被划定为国家级临空经济示范区，未来将利用"海陆空铁"多式联运优势打造成辐射内陆、连通世界的沿海开放新高地。

【知识链接】国际货物多式联运

国际货物多式联运经营人以一张联运单据，通过两种或两种以上运输方式将货物从一国货物接受地运送到另一国货物交付地的运输，它是在班轮运输和集装箱运输促进下发展起来的一种货运方式。它将不同运输方式组合成综合性的一体化运输，通过一次托运、一次计费、一张单证、一次保险，由各运输区段的承运人共同完成货物的全程运输。多式联运经营人是与托运人签订合同的当事人，承担自接管货物起至交付货物止的全程运输责任；其签发的联运单据大多采用《联合运输单证统一规则》规定的提单；多式联运经营人可自己办理全过程中一部分实际运输，把其他部分运输以自己的名义委托给各区段的实际承运人（分承运人）办理，分承运人与多式联运经营人之间是承托关系。国际货物多式联运可达到简化货运环节、缩短货物运输时间、减少货差货损、降低运输成本、提高运输组织水平、实现合理运输的目的，是国际货物运输的发展方向。

14. 长春—汉堡

2017 年 10 月 13 日，满载汽车零部件和纺织品的中欧班列从长春国际港驶出，42 节车厢货物将从满洲里出境发往德国汉堡。随着长春到汉堡的中欧班列首发，长春国际港也正式开通。班列由中铁集装箱运输有限责任公司运营，首发途经俄罗斯、白俄罗斯、波兰、比利时、德国等欧洲国家的多个城市，最高时速为 120 公里，全程 12 ～ 15 天，主要运输吉林省和华北地区部分企业的汽车零部件、电子机械设备、阀门和服装等货物，远期常态化运营将达到每周 5 列出 2 列进。

15. 南昌—莫斯科

2018 年 4 月 20 日，南昌地区首趟中欧班列（南昌—莫斯科）在南昌向塘铁路口岸鸣笛启航，标志着南昌至莫斯科中欧班列正式开行。

16. 唐山—比利时

2018 年 4 月 26 日，发往比利时安特卫普的国际集装箱班列从唐山港京唐港区始发，经北京、呼和浩特、包头、哈密、乌鲁木齐，由阿拉山口口岸出境，途经哈萨克斯坦、俄罗斯、白俄罗斯、波兰、德国到达比利时安特卫普，全程约 11 000 公里，运行时间约 16 天。

17. 成都—维也纳

首列从成都直达维也纳的中欧班列 2018 年 4 月 12 日从成

都发车，穿越亚欧 6 国，行程 9 800 公里，于 4 月 27 日抵达目的地奥地利首都维也纳。这趟班列装载的货物包括电子配件、LED 灯具和睡袋等。

18.武汉—德国汉堡

首趟"襄汉欧"国际货运班列从湖北襄阳北站运出，搭载着神龙汽车有限公司襄阳工厂等企业生产的发动机、汽车零部件、轴承及仪表等货物，将在武汉临空港中铁联集铁路中心站加挂汉欧班列，经阿拉山口出关，驶往 12 000 公里外的德国汉堡。这标志着中欧武汉班列首次开通"襄汉欧"国际货运班列。

19.内蒙古自治区—伊朗东南部城市巴姆

2018 年 9 月 4 日，中欧班列在沙良物流园整装待发，从内蒙古自治区始发的又一条国际货运铁路线开通。首发列车装载着 41 个集装箱、总价值约 1 000 万元的货物从呼和浩特东南部的沙良物流园驶出，15 天后抵达 9 000 多公里外的伊朗东南部城市巴姆。

20.乌鲁木齐—德国杜伊斯堡

2016 年 5 月 28 日，首趟乌鲁木齐至杜伊斯堡国际货运往返班列驶出乌鲁木齐站台。由乌鲁木齐至杜伊斯堡的国际货运往返班列首发。首发班列单程预计 10 天时间，总里程 8 000 公里，从乌鲁木齐出发后，将从阿拉山口口岸出境，经哈萨克斯坦、俄罗斯、波兰至德国杜伊斯堡。去程班列主要搭载新疆本地生产型企业的产品；回程货物则以生活消费品和工业产品为主，包括食品、保健护理品、家居产品和机电类产品等。

21.景德镇—莫斯科

2018 年 9 月 28 日，景德镇陶瓷、茶叶等产品的集装箱货物列车从江西景德镇东站驶出，前往俄罗斯莫斯科。

在上述中欧班列线路中，几次出现终点站德国西部城市杜伊斯堡。下面就以这座城市为例，看看开行中欧班列对沿线国家的影响。杜伊斯堡曾是钢铁生产中心，在 20 世纪 70 年代，城市人口从40万增加到近60万，但到了80年代由于全球产能过剩，钢材价格下跌，超过10万个工作岗位消失，杜伊斯堡日渐萧条，至今这座城市的失业率仍居高不下，因此被看作是"后工业化覆灭的象征"。2013年，我国提出"一带一路"倡议后，由于杜伊斯堡具有独特的区位优势，它是一个巨大的内陆港口，欧洲最繁忙的河流莱茵河就从它身边流过，很适宜通过公路、铁路、水路联运形成枢纽城市。于是杜伊斯堡成了实施"一带一路"倡议中的一个重要节点。2018年，到达杜伊斯堡的中欧班列已从2014年的每周3列增加到了每周30列，德方专家预测在两年内将增至每周50列。目前，杜伊斯堡港口支撑着4万个工作岗位。

中欧班列运送的货物品类日益丰富。在去程组织上，目前中欧班列运输货物品类已从单一的信息技术产品，扩大到衣服鞋帽、汽车汽配、粮食食品、葡萄酒、咖啡豆、木材、家具、化工品、小商品、机械设备等品类；在返程组织上，已形成以汽配、机械设备、日用品、食品、木材为主的固定回程货源。中欧班列的开行，不仅有力促进了中欧之间经贸往来，而且极大丰富了沿线各国人民的消费生活。

中国铁路总公司以发展国际铁路物流和推进政府间合作项目为重点，稳步推进铁路"走出去"战略。截至2018年9月，中欧班列累计开行超过11 000列，运行线路达到65条，通达欧洲15个国家的44个城市，累计运送货物92万标箱。中欧班列已成为"一带一路"建设的标志性成果。

三、雅万高铁：印尼的国家战略项目

自2016年1月21日印尼雅万高铁开工以来，一直在按照自己的节奏稳步推进。截至2018年9月，项目全线征地签约已完成76%，业主交付给工程承包方的土地已占全线的一半；预计2018年底能完成全部征地任务。

雅万高铁是印尼历史上第一条高铁，是中国高铁"全要素"走出去的第一单，也是国际上首个由政府主导搭台、两国企业合作建设和管理的高铁项目。全长 142.3 公里，最高设计时速 350 公里，造价 75 万亿印尼盾（相当于 56 亿美元、362 亿元人民币），连接印尼最大城市、首都雅加达和第四大城市、历史名城万隆，两地总人口超过 1 400 万。该线建成后标志着印尼将进入"高铁时代"，雅加达和万隆之间的车程将由目前的 3 小时缩短为 36 分钟。雅万高铁寄托着印尼人民高速发展经济的强烈愿望。

雅万高铁是印尼的国家战略性项目，是中印尼两国元首亲自推动的重大合作项目。印尼希望今后两国不仅在高铁技术，还能在列车制造以及其他方面展开合作。

印尼政府之所以将雅万高铁列为国家战略性项目，主要基于印尼经济腹地爪哇岛的发展现状。面积与我国安徽省相当的印尼爪哇岛，人口有 1.5 亿，占全国 2.6 亿总人口的 57.6%，是世界上人口密度最大的岛屿之一。爪哇岛贡献了国内生产总值（GDP）的 58%。但长期以来，因交通基础设施落后，散落在爪哇岛上的几个大城市，相互之间缺少强有力的经济联系，因此难以形成相互支持与促进的发展格局。例如雅加达与万隆之间相距仅 140 公里，但走公路和既有铁路需花费 3 个多小时，如果遇到周末和节假日，两地的通勤时间会更长。高铁建成后，就可大大缩短雅加达与万隆之间的时空距离。

根据印尼万隆工学院（ITB）预测，项目投运初期日均客流约 4.4 万人次，如果以平均票价 20 万印尼盾（约 100 元人民币）计算，全年车票收入可达 3.2 万亿印尼盾（约 2.5 亿美元）。此后随着客流的不断增加，运营情况会更好。中国京津城际铁路与雅万高铁里程相似，建成 6 年后即实现盈利。而且，预计雅万高铁工程将为印尼国家财政提供约 13 万亿盾税收［6.2 万亿盾所得税，以及 15 年公交开发（TOD）的增值税 7 万亿盾］，3 年内可解决 3.9 万劳动力就业，15 年开发公交建设可吸纳约 2 万人，25 年公交运行期吸纳约 2.8 万人。万隆是一个依靠商业、投资和旅游业拉动的服务型城市，雅万高铁的建成将为当地带来 10 倍于之前的客流量，对万隆经济发展有巨大的刺激作用。

雅万高铁是中国高铁从技术标准、勘察设计、工程施工、装备制造、物资供应，到运营管理、人才培训、沿线综合开发等全方位整体"走出去"的第一单高铁项目，对于推动中国高铁"走出去"具有重要的示范效应。

在技术层面，雅万高铁将为中国的海外高铁项目树立一个样板。因为雅万高铁采用"复兴号"中国标准高速动车组技术平台，还会根据印尼的气候、地质条件以及文化、生活习惯等进行量身定制的适应性改造。例如，考虑到高铁沿线分布着 5 座火山（其中 3 座为活火山）的地质情况，雅万高铁将采用智能化的地震监测预警系统，运用三级地震预报模式，根据地震等级、震中距离、震源深度，采取接触网断电、列车限速甚至紧急制动等应急措施。

雅万高铁也是国际上首个由政府主导搭台、两国企业对企业进行合作建设和管理的高铁项目，是铁路国际投资模式的一大创新。

四、中老铁路：老挝的"1 号工程"

2015 年 11 月 13 日，中老铁路项目签约仪式在北京举行，标志着中老铁路正式进入实施阶段。中老铁路是第一个以中方为主投资建设并运营，与中国铁路网直接连通的境外铁路项目。

项目由两国边境磨憨（中国）/磨丁

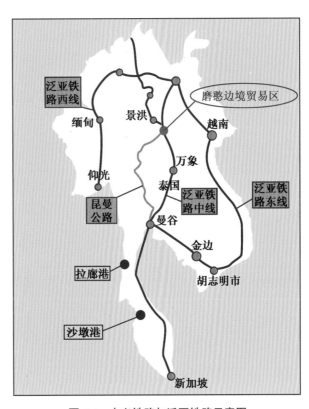

图 8.4 中老铁路与泛亚铁路示意图

（老挝）口岸进入老挝境内后，向南延伸至老挝首都万象（图8.4）。全线采用中国技术标准、使用中国设备，已于 2016 年 12 月全线开工。线路全长 414 公里，时速 160 公里，建设总工期为 5 年，总投资 400 亿元人民币，中老双方按照七比三的股比合资建设。中老铁路预计于 2020 年建成通车。

"陆锁国"，一直被视为老挝的国家特征之一。23.6 万平方公里的国土，80% 是山地和高原，这使得老挝交通极不便利。"陆锁国"一词充满无奈，老挝人对此深有体会。这把"锁"，锁住了老挝民众的内外往来，限制了老挝的经济发展。

突破崇山峻岭的封锁，是很多老挝人的梦想；变"陆锁国"为"陆联国"，是老挝重要的国家发展目标。如今，老挝从邻国中国找到了破解困局的钥匙——北起中老边境磨憨—磨丁口岸，南至万象的中老铁路。

这是一条被寄予厚望的铁路，这也是一条意义非凡的铁路。

中老铁路是中国与老挝之间通行的一条铁路，是泛亚铁路中线的重要组成部分。中老铁路北起中国云南省玉溪市，经普洱市、西双版纳、中老边境口岸磨憨，经老挝著名旅游胜地琅勃拉邦至老挝首都万象。中国段：即玉磨铁路正线全长 508.53 公里，其中，玉溪至西双版纳段为双线，西双版纳至磨憨段为单线。老挝段：磨丁至万象的铁路全长 418 公里，由中方负责建设，客运时速 160 公里 / 小时，货运时速 120 公里 / 小时，是普速铁路；其中有隧道 76 处、桥梁 154 座（包括跨湄公河特大桥 2 座）。

中老铁路是"一带一路"倡议提出后，首条以中方为主投资建设、与中国铁路网直接联通的国际铁路。中国国家主席习近平出访老挝前在老挝媒体发表文章，称赞中老铁路是两国务实合作的旗舰项目。老挝国家主席本扬表示，中老铁路是老中两国合作的丰硕成果，它将提升老挝基础设施建设水平，进一步推动老中两国民心相通。

中老铁路是老挝政府高度关注的"1号工程",承载着老挝从"陆锁国"到"陆联国"转变的梦想。中老铁路将极大提高运输效率和水平,促进老挝经济发展和社会进步。仅现阶段就已直接拉动当地工程建设、建材供应、电力、农牧业、服务业、物流等产业。据不完全统计,目前中老铁路全线建设已聘用当地工人1 500多人,为沿线民众提供了大量的就业机会。未来,中老铁路北接中国,南至泰国、马来西亚等国,将成为中南半岛南北大动脉的重要组成部分,有助于解锁老挝陆路交通困局、促进经济发展。

中老铁路是与老挝普通百姓密切相连的民心工程,承载着近680万民众融入现代社会的企盼。从泰国经泰老友谊桥至万象南部的塔纳廊,有一段3.5公里长的米轨铁路,这是目前老挝境内唯一的一小段铁路,因此很多老挝人至今还没有坐过火车。塔纳廊站台简陋,车辆老旧。从这里,老挝人坐15分钟的火车可以到达泰国的廊开站继续旅行。在日新月异的现代化世界里,如果说塔纳廊站充满交通史上的怀旧色彩,那中老铁路将成为老挝民众追赶现代生活的金光大道。

中老铁路肩负着使命——夯实中老命运共同体基础。中国与老挝山水相连,两国领导人提出,要共同打造牢不可破的具有战略意义的命运共同体,中老铁路就是维系两国命运共同体的千丝万线中的重要一条。

习近平主席访问老挝期间两国发表的联合声明中称,要加快推进中老铁路等标志性项目,加强统筹协调,解决好工程建设、配套政策、安全保障、后续融资等问题,推动实现中老铁路早日竣工。更为重要的是,要以中老铁路为依托,建设起自中国云南,途经若干重要节点地区,抵达老挝南部的中老经济走廊。

打开地图不难看到,要建设的中老经济走廊由北向南,宛如一把插入中南半岛的钥匙,这把钥匙不但打开了老挝"陆锁国"困境,也在中南半岛腹地打开了一条辐射缅甸、泰国、柬

213

埔寨、越南等国共同通向繁荣富足的道路，是"一带一路"倡议的又一个重要成果。中老铁路与中老经济走廊相伴而生，中老铁路被赋予了新内容、新使命。

五、蒙内铁路：肯尼亚的"旗舰工程"

肯尼亚的蒙内铁路（蒙巴萨港—内罗毕）是东非铁路网的起始段，连接首都内罗毕和东非第一大港蒙巴萨港，全长 480 公里（图 8.5）。蒙内铁路正线采用单线，为内燃机车牵引的非电气化铁路，设计客运时速 120 公里、货运时速 80 公里，货运能力为 2 500 万吨，采用中国国铁一级标准进行设计施工。远期规划，连接肯尼亚、坦桑尼亚、乌干达、卢旺达、布隆迪和南苏丹等东非 6 国。蒙内铁路是中国帮助肯尼亚修建的一条全线采用中国标准的标准轨铁路，是肯尼亚独立以来的首条铁路，也是独立以来最大的基础设施建设项目，是肯尼亚实现 2030 年国家发展愿景的"旗舰工程"，于 2014 年 9 月开工，2017 年 5 月 31 日建成通车。

2017 年 5 月 31 日开通的蒙内铁路，是落实习近平主席提

图 8.5　列车从蒙内铁路内罗毕南站驶出

出的"一带一路"倡议和中非合作论坛约翰内斯堡峰会"十大合作计划"的早期重要收获。它连接着肯尼亚首都内罗毕和东非最重要的港口城市蒙巴萨,被称为肯尼亚的"世纪铁路"。

蒙内铁路是肯尼亚独立以来最大的基础设施建设项目。建设时期有4万多肯尼亚人在蒙内铁路项目中工作,当地员工占比超过90%。由于蒙内铁路是百年来肯尼亚建设的第一条铁路,肯尼亚本国的管理人员相当短缺,但经过培训,现在已有超过1500名当地员工参与蒙内铁路的运营。有了蒙内铁路,他们不仅找到了好工作,而且过上了更好的生活。

蒙内铁路是集设计、施工监理、融资、装备采购和运营管理为一体的"中国标准"全产业链项目。2017年5月,中国路桥与肯方签署10年运营及维护合同,把中国铁路的管理经验引入非洲。

蒙内铁路是东非铁路网的第一步,未来铁路将延伸到乌干达甚至布隆迪,将整个东非6国连接起来,货物运输成本会进一步降低,这对于东非一体化进程具有标志性意义。蒙内铁路是东非互联互通的第一步。

作为东非第一大港,蒙巴萨港是连接东非地区和印度洋的重要交通枢纽。2016年该港吞吐量达2736万吨。蒙内铁路开通前,港口货物主要靠公路运输。由于运力有限,货物压港现象不时发生。铁路通,百业兴。蒙内铁路通车后,货物运输时间从原来的10小时以上缩短至4小时,物流成本降低40%以上。铁路建设拉动了肯尼亚国内生产总值1.5%甚至2%的增长,更为关键的是,通过铁路形成了包括港口在内的全产业链发展。

肯尼亚总统肯雅塔在国情咨文中说:"在不到一年的时间里,大约有70万人次乘坐蒙内铁路的列车。"蒙内铁路货运服务也得到大幅提升,起初每月可运送22 345吨货物,现在每月可运送213 559吨。肯雅塔总统盛赞蒙内铁路项目是"肯尼亚有史以来最具雄心壮志的基础设施项目"。

肯尼亚铁路局局长马伊纳说："蒙内铁路等大项目让肯尼亚经济实现了超预期的快速增长。毫无疑问，蒙内铁路和沿线的经济走廊，正为肯尼亚经济腾飞注入燃料。外国投资涌入，激活了肯尼亚的经济潜力。商人们在铁路沿线设厂，更便捷地将产品运输到肯尼亚大中城市和周边国家，还可以通过蒙巴萨港出口到世界各地。肯尼亚在中国的帮助下实现了基础设施的革命性变化。"

在蒙巴萨火车站的候车大厅里，有一座中国明代航海家郑和的半身塑像。600多年前，郑和扬帆远航，先后4次抵达肯尼亚东海岸，播撒下友谊的种子。古丝绸之路"使者相望于道，商旅不绝于途"的情境，在今日蒙内铁路上有了新的呈现，中非合作的春风不断送来合作双赢的喜讯。

六、中部欧洲陆海联运快线与匈塞铁路

匈塞铁路自匈牙利首都布达佩斯至塞尔维亚首都贝尔格莱德，全长350公里，其中匈牙利境内166公里，塞尔维亚境内184公里。该项目为电气化客货共线快速铁路，既有单线铁路增建第二线工程，又有部分区段的新建双线工程，设计最高时速200公里，建成通车后，两地之间的运行时间将从原来的8小时缩短至3小时以内。该项目于2015年12月23日启动，由中国铁路总公司牵头组成的中国企业联合体承建。

塞尔维亚素有"欧洲十字路口"之称，是连接欧亚非的陆上要道，许多货物运输都途经此地。然而，从匈牙利首都布达佩斯至塞尔维亚首都贝尔格莱德的铁路最早建于1882年，至今仍为单线，设施老旧，全长374公里的路程需要8小时才能走完。为改善中东欧国家的交通基础设施，促进中国与中东欧国家合作，在2013年11月于罗马尼亚首都布加勒斯特召开的第二次中国—中东欧国家领导人会议上，中国、匈牙利和塞尔维亚三国总理宣布，合作改造升级匈牙利首都布达佩斯和塞尔

维亚首都贝尔格莱德之间的铁路。

匈牙利官方透露，匈塞铁路项目预计投资总额为 28.9 亿美元。建成后的匈塞铁路将成为海运货物从希腊到西欧最快捷、方便的运输路径。匈塞铁路也是中部欧洲陆海联运快线的重要组成部分。2014 年 12 月，中国、匈牙利、塞尔维亚、马其顿和希腊宣布将一同建设中部欧洲陆海联运快线，这条快线南起希腊雅典附近的比雷埃夫斯港，经马其顿首都斯科普里和塞尔维亚首都贝尔格莱德，北至匈牙利首都布达佩斯。匈塞铁路成为中部欧洲陆海联运快线的一部分（图 8.6）。

2017 年 11 月 28 日，匈塞铁路塞尔维亚境内贝尔格莱德至旧帕佐瓦段正式开工，标志着匈塞铁路建设取得重大进展。

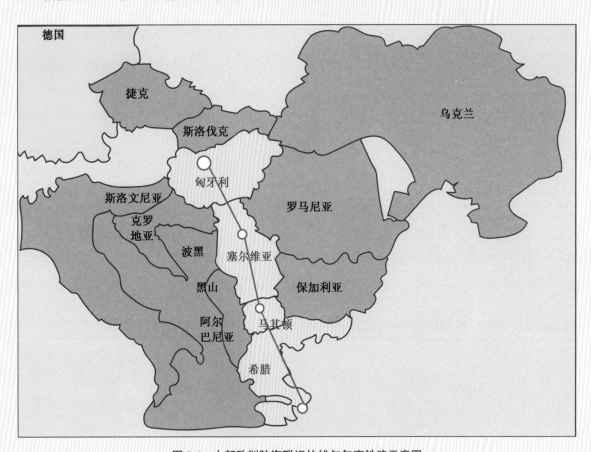

图 8.6　中部欧洲陆海联运快线与匈塞铁路示意图

匈塞铁路项目对合作各方都具有深远意义，具体体现在以下几个方面。

——可改善匈塞两国的交通基础设施。塞尔维亚铁路系统老旧，最高运营时速只有每小时 40 公里，由于铁路运输速度慢、车况差，旅途时间无法保证，因此铁路运输效率不高。匈塞铁路建成后，将采用客货复线并实现全线电气化，设计最高时速达 200 公里，全程运行时间将缩短为 2.5 ～ 3 小时。匈塞铁路建成后，将增加匈牙利铁路公司的运营收入，大幅提升匈牙利的铁路运输能力，匈塞铁路将与匈牙利的铁路网融为一体，优化民众的出行结构。

——深化中国与中东欧经济合作。2014 年 12 月中国总理李克强在贝尔格莱德会见塞尔维亚总理武契奇、匈牙利总理欧尔班和马其顿总理格鲁埃夫斯基，一致同意共同打造中部欧洲陆海联运快线。建成后，从中国与欧洲之间的货物运输将至少缩短 7 ～ 11 天。中部欧洲陆海联运快线将直接造福 3 200 万人民，会产生巨大的地区辐射效应，为中欧贸易、商品运输、人员交流等带来种种便利。

——匈牙利在地理上是东西欧的分界线，匈塞铁路竣工后，有条件发展为中西方商品的集散地。这条高速、安全和高等级的铁路将成为中国的"欧洲走廊"，中国货物从希腊的比雷埃夫斯港上岸后，经过马其顿并通过匈塞铁路就能便捷地进入欧洲。同时，匈牙利优质牛肉、鹅肝等农副产品也可以更便利地出口到中国。在产业合作方面，中国与中东欧国家的合作不再以低端的服装、鞋、纺织面料、小家电、粗制工业产品贸易为主，转而以汽车及其配件制造业、先进的电子技术和通信技术、高速铁路、安全核电等高新技术为主的新产业合作互动，为实现更加普惠平衡的经济全球化贡献中国力量。

——匈塞铁路项目作为中国—中东欧国家合作的标志性项目，为中国铁路企业和铁路产品进入欧洲创造了机会。中国铁路如果能向欧盟市场输出中国标准，将实现具有历史意义的重大突破。

——引领政府间合作新模式。相对于小型援建项目，中东欧各国更青睐来自中国的高速铁路、铁路电气化改造、城市地铁、高速公路、特大桥梁、机场建设、港口等重大项目投资，而基建设施项目投资又是中国政府推进"一带一路"倡议的重要内容。双方的共同利益促成政府间合作模式（GG）的新探索。匈塞铁路项目的顺利推进，使中东欧国家对与中国政府开展政府间项目合作产生浓厚兴趣。例如，保加利亚明确提出，希望借鉴匈塞铁路政府间合作模式，将保加利亚国家铁路网与匈塞铁路连接，捷克也希望匈塞铁路的终点从布达佩斯延伸到布拉格。匈塞铁路的政府间合作模式或将引起中东欧国家利用政府间合作模式推进基础设施项目的建设。

为了使匈塞铁路项目顺利进行，我国应重视与东欧国家的国情差异。中东欧国家由于政治体制、法律环境和文化观念的差异，导致项目的推进速度和运作效率都与中国有差别，合作进度推行较慢。对中国企业而言，应在推进项目前期做好国情调研，特别是对法律法规的全面了解，尽量降低时间成本和环境适应成本。

匈塞铁路连通了中国与中部欧洲国家，建成后将大幅提高沿线各地的铁路运输能力，促进人员和货物的流动，增加当地就业，改善区域经济，带动上下游相关产业的发展。以这一项目为平台，中国与中东欧地区甚至欧盟地区的贸易通道将更加便捷。同时，随着经济合作层次升级和模式的新探索，彼此间的连接会更加紧密。

从本章不同等级标准的铁路"走出去"案例中不难看出，在实施"一带一路"倡议时，务必对所在国的国情及其客货运输实际需求有非常清晰的认识，然后根据基础设施建设"适度超前"原则，做好项目的规划和设计。"合适的才是最好的"。为此，必须事先做好铁路客货运量需求的调查研究和科学预测。

【知识链接】铁路客货运量预测

铁路客运量预测——对未来铁路旅客运量发展做出描述和推测，是项目规划和投资建设的主要依据，也是制订客运发展政策、编制客运计划和行车组织方案的重要依据。客运量预测有近期、中期、长期之分，也有全国预测和地区预测之分，其预测方法主要有基于专家经验的特尔菲沃、时间序列或影响因素的建模方法。

铁路货运量预测——对一定时期、在一定地域，需要通过铁路进行运输的货物总量的推测。从调查分析过去和现在的有关数据，结合实际情况，对一定地区和范围内的铁路货运市场需求进行预计、测算和判断，得出铁路货运量的变化规律和发展趋势，为制订铁路项目规划、铁路货运计划，做出营销决策提供重要的依据。

参考文献

[1] 习近平. 习近平谈治国理政（第二卷）[M]. 北京：外文出版社，2017：25.

[2] 毛泽东. 毛泽东选集（一卷本）[M]. 北京：人民出版社，1966：168.

[3] 钱立新. 铁路会不会拖小康社会的后腿[N]. 经济日报，2003-9-8（5）.

[4] 卢春房. 中国高速铁路[M]. 北京：中国铁道出版社，2017：6-7，106-109.

[5] 杨中平. 漫话高速列车[M]. 北京：中国铁道出版社，2013：35-81.

[6] 刘大响. 刘大响自传[M]. 北京：人民出版社、航空航天出版社，2016：311-314.

[7] 徐利民. 我国铁路客货分线运输发展研究[J]. 铁道运输与经济，2012（11）：20-27.

[8] 傅志寰. 我的情结[M]. 北京：中国铁道出版社，2017. 197-201.

[9] 袁宝华. 袁宝华文集（第一卷）[M]. 北京：中国人民大学出版社，2015.

[10] 高柏，李国武，甄志宏，等. 中国高铁创新体系研究[M]. 北京：社会科学文献出版社，2016：3-4.

[11] 乔英忍. 我国铁路动车和动车组的发展（上）[J]. 内燃机车，2006（1）：7.

[12] 吴新民. 中国高速列车技术的持续创新[J]. 城市轨道交通研究，2018（6）：14.

[13] 马克思，恩格斯. 马克思恩格斯全集（第20卷）[M]. 北京：人民出版社，1998：673.

[14] 陆东福. 勇担"交通强国　铁路先行"历史使命，全面提升铁路对经济社会发展的服务保障水平[J]. 城市轨道交通研究，2018（5）：8.

[15] 朱仕兄. 物流运输管理实务[M]. 北京：北京交通大学出版社，2012.

[16] 王雄. 中国速度——中国高速铁路发展纪实[M].1. 北京：外文出版社，2016：251-263.

[17] 王兆成. 中长期铁路网规划研究[M].1. 北京：中国铁道出版社，2004：190.

［18］胡志超.高风亮节　实至名归——缅怀老部长丁关根［N］.上海铁道报，2012-8-12（1）.

［19］陈琳，武剑红.我国铁路运输业全要素生产率的实证研究［D］.北京交通大学，2014.

［20］李军.中国铁路新读［M］.北京：中国铁道出版社，2009：54.

［21］王璐，于瑶.交通投融资体制改革加速推进［N］.经济参考报，2018-3-20（A02）.

［22］何铁成，陈富珍.股份制与股票投资［M］.北京：中国大地出版社，1993.

［23］高铁见闻.大国速度：中国高铁崛起之路［M］.长沙：湖南科学技术出版社，2017：178.

［24］史俊玲，张久长，李娜.日本铁路技术标准国际化策略研究［J］.中国铁路，2015（10）：85.

［25］井国庆，高亮，乔神路.法国铁路标准工作及其特点［J］.铁道技术监督，2010（4）：8-9.

［26］吴伟，朱洁琳，徐力，等.开展中德铁路标准对比分析促进中国铁路标准走向世界［J］.铁道经济研究，2010（4）：6-7.

［27］陈源.国际铁路联盟（UIC）的国际标准工作及发展战略分析［J］.中国铁路，2016（9）：6-7.

［28］中国铁道学会教育委员会.中国铁路教育史（1949—2000）［M］.成都：西南交通大学出版社，2009：83，87，257，315，518-574.

［29］冯之浚.论战略研究［M］.北京：人民出版社，1966：168.

［30］徐飞.纵横“一带一路”——中国高铁全球战略［M］.上海：格致出版社、上海人民出版社，2017：270-287.

［31］李蕾，戚席佳.鲁班工坊，从这里走向世界［N］.环球时报，2018-10-1（7）.

［32］夏征农，陈至立.大辞海·交通卷.［M］上海：上海辞书出版社，2015：39、36，348，352.

［33］梁辉.“一带一路”踏访记——雅万高铁：承载印尼国家发展梦［N］.参考消息，2018-9-28.

　　实践创新与理论创新从来就是互相激荡，推挽前进的。为了认识中国高铁的高质量发展，我们尝试着编写这本《中国高铁发展战略》，冀求能与读者分享高铁崛起的成功经验，从中汲取持续创新的智慧。

　　本书初稿的撰写人分别是：孙章（绪论　战略与规划），刘涟清（第一章　放眼世界高速铁路），黄健（第二章　中国高铁应运而生），王思韬（第三章　自主创新战略），汪杏子（第四章　融合发展战略），解熙（第五章　投融资改革方略），孙越（第六章　标准化战略），黄先谨（第七章　人才支撑体系），蒲琪、黄健（第八章　"一带一路"倡议与铁路"走出去"战略）。

　　十分幸运的是，本书得到了原铁道部部长傅志寰院士，中国工程院副院长、同济大学原校长钟志华院士，中国工程院副院长何华武院士，中国铁路总公司总工程师郑健，一汽集团总经理奚国华，中车集团副总裁贾世瑞等同志的指导和帮助，他们在百忙中或参加编写会议、审阅书稿，或通过各种方式对书稿提出中肯的意见和建议，在此向他们特致敬意。

　　为了出版这套"中国高铁丛书"，上海科学技术文献出版社的张树副总编辑及其工作团队付出了很多艰辛，没有他们的鼓励支持和精心组织，要按时完成编写、出版任务是不可能的，我们向他们表示衷心感谢！

　　本书在编撰过程中参考了有关著作和论文，并列出了主要参考文献，在此我们对文献作者深致谢意。还要感谢同济大学老科学技术工作者协会副会长、秘书长张宗桐教授，他为本书的编写提供了大量参考资料，使我们获益匪浅。

2018 年 10 月 11 日